TEXTES DE LA RENAISSANCE
48

L'Histoire des vers qui filent la Soye

Cet ouvrage a été publié pour la première fois en 2001
dans la collection *Textes de la Renaissance* dirigée par Claude Blum.

Béroalde de Verville

L'Histoire des vers qui filent la Soye

Édition critique par Michel Renaud

PARIS
CLASSIQUES GARNIER

Michel Renaud, docteur en littérature de l'université de Clermont Auvergne, s'intéresse au genre romanesque au XVIe siècle. Son essai *Pour une lecture du* Moyen de parvenir *de Béroalde de Verville* (Paris, 1997) a renouvelé la réception de ce récit de banquet à la rhétorique transgressive. Il a également participé à la traduction et à l'édition scientifique des œuvres complètes de François Rabelais (Paris, 1995).

Réimpression de l'édition de Paris, 2001.

ISBN 978-2-406-13343-8 (livre broché)
ISBN 978-2-8124-5237-6 (livre relié)
ISSN 1262-2842

INTRODUCTION

On n'a conservé que deux exemplaires de l'unique édition de *L'Histoire des Vers qui filent la Soye* de Béroalde de Verville (1556-1626), publiée à Tours en 1600, chez Michel Sifleau. L'un, incomplet, se trouve à la British Library (cote 1073.a.5/3) ; l'autre, dont le texte n'a souffert que d'altérations minimes, à la réserve de la Bibliothèque Nationale de France (cote Rés. Ye.2045). L'ouvrage se présente sous la forme d'un opuscule assez mince :

> L'HISTOIRE ‖ DES VERS QVI ‖ FILENT LA ‖ SOYE. ‖ *En cette* SERODOKIMASIE *ou recherche de ces* ‖ *Vers est discouru de leur naturel, gouverne-* ‖ *ment, utilité, plaisir et profit* ‖ *qu'ils raportent* : ‖ PAR ‖ BEROALDE DE VERVILLE. ‖ [Marque] ‖ A TOURS, ‖ Chez MICHEL SIFLEAV, Imprimeur : ‖ Libraire, demeurant en la ruë de la Sellerie ‖ devant les Cordeliers. ‖ M.D.C. Titre de départ : *La Serodokimasie, ou recherche des vers qui filent la soye, de leur naturel et gouvernement.* In-12°, 2 ff. blancs, 24 ff. non chiffrés, signé a^2, A-D^6. Trois cents stances de quatre vers, numérotées, précédées de pièces liminaires (vers de La Picardière Forget, M. Bataille Sr. du Buisson, B. Sr. de la Roche F., Guy de Tours, adresse et quatrain de l'auteur – « A Messieurs de Tours » et « Aux Dames de Tours »), suivies d'un quatrain de C. de l'Aillée F.

La marque qui figure sur la page de titre est absente des répertoires spécialisés que nous avons consultés ; on ne la retrouve que sur un seul des rares autres livres connus édités par Michel Sifleau[1]. Elle montre, dans un cartouche ovale, une fleur de lys couronnée surmontant une étendue liquide avec des montagnes à l'arrière-plan. Au-dessus, une tête joufflue, sortant d'une masse de nuages, dirige son souffle sur la surface des eaux qui moutonnent. L'image, de caractère allégorique, peut être simplement interprétée comme un rébus sur le nom de *Sifleau*. Sur la bordure du cartouche, entouré d'une couronne de lauriers, on déchiffre les initiales *M. S.*

---

1 Jean Le Jay, *Johannis Le Jay Doctoris Parisiensis, Ecclesiastæ, & Pœnitentiarii Turonensis, Epigrammata quadragesimalia*, Tours, 1607. Sur la production de Michel Sifleau, voir notamment *Répertoire bibliographique des livres imprimés en France au XVIe siècle*, 23e livraison (*Bibliotheca bibliographica aureliana*, LXIII), Baden-Baden, Valentin Koerner, 1976, p. 144 et Roméo Arbour, *L'Ere baroque en France. Répertoire chronologique des éditions de textes littéraires*, Genève, Droz, 1977-1985, I, 2 [5302] et IV [19765].

et la devise grecque ΕΛΠΙΣ ΜΟΥ ΘΕΟΣ ΕΚ ΝΕΟΤΗΤΟΣ ΜΟΥ[1].

Les rares commentaires consacrés à la *Sérodokimasie* – titre consacré par l'usage bibliographique – la présentent comme une œuvrette de circonstance, publication opportuniste ou travail de commande, qui, eu égard à ses faibles qualités littéraires, n'offrirait guère qu'un intérêt d'ordre documentaire. Le seul mérite du traité de Béroalde serait, en somme, de se faire l'écho des préoccupations économiques du moment et de nous donner un aperçu des pratiques séricicoles de son temps. Pour Henri Clouzot[2], comme pour Verdun-L. Saulnier[3], l'analyse génétique du poème se limite à l'évocation du contexte historique et de la situation propre des industries soyères tourangelles. La fabrique de soieries de Tours, installée par Louis XI en 1470, relancée plus tard par Semblançay, connaît, durant la première moitié du XVIe siècle, une situation prospère, en dépit des crises ponctuelles et des menaces de la concurrence. La production issue des ateliers locaux, à son apogée sous François Ier, soutient alors la comparaison avec les prestigieuses étoffes italiennes. Bien que la nécessité d'importer la matière première d'Espagne ou d'Italie constitue un handicap non négligeable – d'autant plus que les soies écrues transitant par Lyon sont lourdement taxées au passage –, on peut estimer que, dans les années qui précèdent les troubles, la fabrique de Tours fait vivre près de quarante mille personnes[4]. Même si ce chiffre, relevé dans

1 Formule qu'on pourra rapprocher de *Spes mea Deus*, ou de sa variante « En Dieu est mon espérance », devise de plusieurs imprimeurs parisiens du XVIe siècle (Oudin Petit, Henri-Simon Pierre Gissey, François Regnault). Au XVIIe siècle, Charles Roulliard associera la devise latine à la fleur de lys couronnée.

2 Henri Clouzot, « La sériciculture dans Béroalde de Verville », *Revue du seizième siècle*, III, 1915, p. 281-286.

3 Verdun-L. Saulnier, « Etude sur Béroalde de Verville », *Bibliothèque d'Humanisme et Renaissance*, V, 1944, p. 209-306.

4 « De faict il seroit aysé a viriffier par esart qu'au corps des d. ouvriers en soye, auparavant les dictz troubles, il y avoit plus de huict cens maistres ouvriers, et plus de six mil compagnons ouvrant sur les métiers, car il y avoit tel des susdicts maistres qui avoit soubz lui 40 mestiers et plus soubz le traffiq du quel à devider et préparer les soyes estoient entretenus plus de trois cens personnes, et peut-on dire avecques vérité que du traffiq des d. corps d'ouvriers en soye et manefacture de la soye étoient nourriz plus de quarente mil ames tant en la ville fauxbourg que environ, aiant esgard que chacun des d. maistres, des compagnons et autres de lad. ville fesoient aultant de famille. » Extrait des « plainctes et

les cahiers de doléances présentés aux états de Rouen, a pu être gonflé pour les besoins de la cause, il n'en est pas moins révélateur d'une situation florissante. Au lendemain des guerres civiles, il ne reste à peu près rien de cette fragile prospérité et les Tourangeaux sont concernés au premier chef par la politique de redressement économique conduite par Henri IV, qu'on sait particulièrement favorable à une reprise de l'activité soyère, fondée sur le développement de la production nationale de soie brute[1]. A l'instigation de Barthélemy de Laffemas, maître de la garde-robe royale et propagateur infatigable des thèses mercantilistes, c'est une véritable « campagne de presse »[2] qui est alors entreprise afin « de gagner l'opinion par toute une littérature spéciale »[3]. Inaugurée en 1599 par la brochure d'Olivier de Serres, *La Cueillete*

doléances » de la ville de Tours, arrêtées en octobre 1596, cité par l'abbé L. Bossebœuf, « Histoire de la fabrique de soieries de Tours des origines au XIXe siècle » in *Mémoires de la Société archéologique de Touraine*, tome XLI, Tours, L. Péricat, 1900, p. 246-247. Sur l'histoire de la soie en Touraine, que nous évoquons ici de façon très schématique, on pourra se reporter à cette copieuse étude, abondamment documentée. Voir également les ouvrages d'H. Clouzot, *Le Métier de la soie en France (1466-1815)*, Paris, Devambez, s.d [1914] et H. Algoud, *La Soie, art et histoire*, Paris, Payot, 1928 (rééd. Lyon, La Manufacture, 1986), troisième partie.

1 Beaucoup plus réservé que le roi dans ce domaine, Sully, qui privilégie l'agriculture, désapprouve d'ailleurs la hâte avec laquelle seront prises, en 1599, certaines mesures protectionnistes, comme l'importation des « marchandises de soie, d'or et d'argent » (*cf.* H. Clouzot, « La sériciculture... », p. 282) : « Ceux de Tours vindrent aussi à Bloys pour vous parler de faire défendre l'entrée de toutes sortes de manufactures Estrangeres, se faisant forts de fournir toute la France de semblables estoffes, vous leur remonstrastes combien à l'execution ils trouveroient leur proposition difficile, et qu'il falloit auparavant faire un grand establissement, pour les soyes et le tissage de l'or et l'argent, et considerer de quelle perte seroit [*sic*] cause telles défences si soudainement faites pour toutes les autres Villes qui trafiquoient hors le Royaume, mais ne se laissant pas persuader à vos raisons : Ils s'adresserent à la propre personne du Roy, laquele ils soliciterent ou plutost importunerent tellement par le moyen d'amis et de presens, qu'enfin (pource que vous ne voulustes pas insister à soustenir vostre opinion) ils obtindrent ce qu'ils demandoient, mais tout cela ayant esté ainsi basty sans les fondemens necessaires pour un si grand dessein, s'en alla dans six mois en ruine, les incommoditez que quasi toute la France recevoit de ses défences ayant contraint le Roy de les revocquer estant à Lyon. » (*Mémoires des sages et royalles Œconomies d'Estat, domestiques, politiques, militaires de Henry le Grand* [...] *et des servitudes utiles, obeissances convenables et administrations loyales de Maximilian de Bethune... A Amstelredam, chez Alethinosgraphe de Clearetimelee, et Graphexechon de Pistaride*, s. d. [Angers, 1638], I, chap. 91, p. 427)

2 H. Clouzot, « La sériciculture... », p. 283.

3 *Ibid.*, p. 282.

de la Soye, par la nourriture des Vers qui la font[1], cette « campagne » se poursuivra au cours de la décennie suivante, avec la publication de divers traités, dus notamment à Jean-Baptiste Le Tellier[2] et à Laffemas lui-même[3].

Publiée un an après la *Cueillete de la Soye*, quelques mois après le *Theatre d'Agriculture*, – dont la première édition sort des presses de Jamet Mettayer en juillet 1600 –, *L'Histoire des Vers qui filent la Soye* apparaît donc comme l'une des toutes premières contributions à cette entreprise de promotion séricicole, particulièrement prometteuse pour l'industrie locale. Selon H. Clouzot, le « poème, imprimé à la fin de 1600, est composé dès le mois d'août, pendant les opérations contre le duc de Savoie »[4]. L'indice chronologique que nous fournit la strophe CCXCIX[5], sur laquelle se fonde cette datation, ne permet peut-être pas de se

1 *La Cueillete de la Soye, par la nourriture des Vers qui la font. Echantillon du Theatre d'Agriculture d'Olivier de Serres, seigneur du Pradel*, Paris, Jamet Mettayer, 1599. On trouvera le texte intégral de cette brochure en appendice, p. 149.

2 *Mémoires et instructions pour l'établissement des meuriers et art de faire la soye en France*, Paris, J. et P. Mettayer, 1603 ; *Brief discours contenant la manière de nourrir les vers à soye et la tirer, avec figures et interprétation d'icelles*, Paris, P. Pautonnier, 1604.

3 *Preuve du plant et profit des meuriers, pour les parroisses des généralitez de Paris, Orléans, Tours et Lyon, pour l'année 1603*, Paris, P. Pautonnier, 1603 ; *Le plaisir de la noblesse et autres des champs, sur le profict et preuve certaine du plant des meuriers* (*idem*) ; *Le Plaisir de la noblesse et autres qui ont des éritages aux champs, sur la preuve certaine et profict des estauffes et soyes qui se font à Paris* (*idem*) ; *La Façon de faire et semer la graine de meuriers, les eslever en pépinières et les replanter aux champs, gouverner et nourrir les vers à soye au climat de la France, plus facilement que par les mémoires de tous ceux qui en ont escript*, Paris, P. Pautonnier, 1604. Voir également les titres mentionnés par H. Clouzot, « La sériciculture... », p. 282-283.

4 H. Clouzot, « La sériciculture... », p. 283.

5 Strophe CCXCIX (vers 1193-1196) :

> « Je filois doucement cet ouvrage de Soye,
> Lors que HENRY IIII, au Piedmont s'exerçoit,
> Et que s'estant campé dans le cœur de Savoye
> Pour chastier le Duc ses places il forçoit. »

On lit un peu plus haut (strophe CCLXXVI, vers 1101-1102) :

> « J'ay mis fort peu de temps à dresser ce mesnage,
> Où mon cœur obstiné ces beaux Vers imitoit »

Cette affirmation, qui semble confirmer l'hypothèse de Clouzot, doit être prise avec prudence : elle peut simplement relever d'une sorte de coquetterie littéraire ou d'orgueil naïf dont Béroalde est coutumier.

montrer aussi catégorique : tout au plus nous autorise-t-il à situer la rédaction du texte entre le début des opérations militaires, le 11 août[1], et la capitulation de Montmélian, à la mi-novembre[2]. Quoi qu'il en soit, les dates de composition et de publication de l'œuvre sont révélatrices de l'empressement de Béroalde, loyaliste et Tourangeau d'adoption[3], à mettre sa plume au service de la propagande séricicole. Que ce zèle témoigne d'un enthousiasme purement désintéressé, du souci de s'acquitter dans les meilleurs délais d'une tâche de commande ou de l'opportunisme d'un graphomane peu regardant, il n'en est pas moins de nature à susciter les réticences des critiques. Hâtivement bouclée – ou bâclée – la *Sérodokimasie* ne mériterait guère d'être signalée que pour mémoire, pochade mal ficelée à reléguer au cabinet des curiosités qu'on n'ose qualifier de littéraires. Si Clouzot se montre relativement indulgent et ne cache pas sa sympathie pour l'auteur – « esprit encyclopédique, écrivain capable de s'exercer dans tous les genres, intelligence ouverte à toutes les manifestations de la vie ou de l'art »[4], « curieux, au sens moderne du mot »[5] –, il croit tout de

1 *Cf.* le *Journal* de Pierre de L'Estoile : « La nuit du jeudi 10e de ce mois [d'août 1600], laquelle finissait le jour limité au duc de Savoie pour l'effet de ses tant réitérées promesses, la ville de Bourg, capitale du pays bressan, fut réduite en l'obéissance du roi, sans autre perte que d'un soldat, resserrant dextrement, et par forme d'assuré blocus, les retirés dedans le fort, si qu'ils n'eussent moyen d'en sortir qu'à leur désavantage, ayant trouvé bon de patienter et ménager le temps, l'argent et l'armée qu'il fallait pour gagner et battre une si forte place. Le lendemain qui était le vendredi 11e du présent mois, l'ouverture de la guerre contre le duc de Savoie fut criée et publiée à Lyon, et, la nuit même, Sa Majesté fit entrer son armée en la Savoie, pour la surprise de Montmélian, la voulant entamer par la principale et plus importante place de toute la province. » (*Journal pour le règne de Henri IV – I, 1589-1600*, éd. Louis-Raymond Lefèvre, Paris, Gallimard, 1948, p. 620-621)

2 « Le mardi 21e de ce mois, arriva à Paris le seigneur de Bordeocs qui apporta lettres du roi à Monsieur le premier Président, de la reddition du château de Montmélian, place imprenable (disait-on) à tout autre guerrier fors qu'au roi. » (*Ibid.*, p. 631)

3 Béroalde semble s'être fixé à Tours vers 1589, après avoir officiellement abjuré le protestantisme. *Cf.* V.-L. Saulnier : « C'est en 1589 que nous trouverons Béroalde installé à Tours. Il donne dès cette date une pièce liminaire au *Premier livre du théâtre tragique* de Roland Brisset. Ce qui implique d'ailleurs qu'il ne fût alors pas tout à fait nouveau venu à Tours : son arrivée dut précéder de quelques mois cette publication. » (« Etude... », p. 232-233) Il sera nommé chanoine de la collégiale Saint-Gatien de Tours le 3 novembre 1593 (voir V.-L. Saulnier, *ibid.*, p.236).

4 H. Clouzot, « La sériciculture...», p. 286.

5 *Ibid.*

même utile de préciser qu'il serait « téméraire d'attribuer à l'essai de Béroalde une portée exagérée »[1]. V.-L. Saulnier est beaucoup plus expéditif, même s'il admet, du bout de la plume, que « parfois un beau vers ne néglige pas de se glisser »[2] dans un texte qui ne recèle que « des beautés poétiques bien discrètes »[3] : qualifiée de « tract »[4] ou de « manuel sur l'élevage et l'industrie du vers à soie »[5], la *Sérodokimasie*, « cet ouvrage anodin »[6], se ramène à « une suite de 300 quatrains, de facture médiocre [où] allusions mythologiques et historiques, éloges à l'adresse du roi, conseils et descriptions techniques, se combinent de façon souvent pénible [...] il s'agit surtout d'un livre commercial, d'une publicité faite pour les étoffes de Tours [...] Ce sont des vers que seul le mirliton réclame. »[7] Ce qui semble gêner V.-L. Saulnier, autant que l'absence de qualités littéraires ou stylistiques, c'est, d'une part, le fait qu'il s'agit là d'un travail de commande, marqué par une certaine complaisance ; d'autre part, que l'œuvre – puisqu'il faut bien se résoudre à employer ce terme – se dérobe à tout étiquetage générique susceptible d'en atténuer le caractère hybride et, à nos yeux, vaguement incongru. « Plus ou moins commandé à Béroalde par les pouvoirs publics et les échevins de Tours »[8] ou rédigé sous la « pression »[9] entretenue par les propagandistes de la politique économique royale, son traité apparaît comme « ses *Géorgiques* »[10]. Le rapprochement avec Virgile pourrait être laudatif ou, au moins, flatteur ; replacé dans le contexte, il se révèle beaucoup plus ambigu et suggère que Verville ne répugne pas, à l'occasion, à assumer, non sans quelque roublardise, le rôle du plumitif mercenaire. Ce n'est pas au talent du poète que l'on songe ici, mais à la fonction qui lui est dévolue par ses protecteurs : on a

1 *Ibid.*, p. 284.

2 V.-L. Saulnier, *Anthologie poétique de Béroalde de Verville*, Paris, Jacques Haumont, 1945, p. 11.

3 *Ibid.*

4 V.-L. Saulnier, « Etude... », p. 237.

5 V.-L. Saulnier, *Anthologie...*, *ibid.*

6 V.-L. Saulnier, « Etude... », p. 267.

7 *Ibid.* Sur cette expression, voir notre article, « *L'Histoire des Vers qui filent la soye* de Béroalde de Verville : "vray stille d'ange" ou vers de mirliton ? », *Cahiers V.-L. Saulnier*, n° 13, 1996, p. 99-110.

8 V.-L. Saulnier, *Anthologie...*, p. 10-11.

9 V.-L. Saulnier, « Etude... », p. 266.

10 *Ibid.*, p. 237.

pu dire de Virgile qu'il s'était « soumis à des ordres pressants de Mécène », qu'il avait été « embrigadé dans une campagne de propagande pour l'agriculture, pour le retour à la terre »[1]. On pourrait en dire à peu près autant, *mutatis mutandis*, de l'auteur de la *Sérodokimasie* ; à ceci près qu'il s'agit moins pour lui, en l'occurrence, de se soumettre à des ordres que de profiter d'une conjoncture favorable à ses ambitions littéraires. Quant au genre de l'œuvre, composite et atypique – pour le fond, les matériaux thématiques, comme pour la forme, ou plus exactement le style –, il conduit Saulnier à passer de l'appellatif passe-partout (*ouvrage*) ou de la périphrase pauvrement descriptive (*suite de quatrains*) à des termes d'une pertinence discutable (*manuel*), à des schématisations réductrices (*tract*, *publicité*). On devine déjà chez Clouzot le même embarras terminologique : présentée dans la phrase initiale de son article comme « un curieux poème didactique »[2] (sans qu'on nous précise en quoi il est *curieux*), la *Sérodokimasie* n'est plus, dans les pages qui suivent qu'un « poème » ou, de façon plus inattendue, un « *petit* poème » ou encore un « essai »[3]. Cette bâtardise formelle et thématique, sur laquelle nous reviendrons, explique en partie que ces *Géorgiques* béroaldiennes inclassables n'aient guère retenu l'attention des seiziémistes. Le cas n'a d'ailleurs rien d'exceptionnel : bon nombre de titres mentionnés par Albert-Marie Schmidt dans sa thèse sur la poésie scientifique du XVIe siècle[4] suscitent, de la même manière, réserves et commentaires ironiques de l'auteur, essentiellement parce que le mariage de l'affectation rhétorique et du savoir exhibé ne manque pas d'engendrer de risibles avortons[5]. Eu égard, en tout cas, aux critères plus ou moins explicites de notre moderne eugénique textuelle, qui n'admet guère le mélange des genres. Poème que l'on pourrait, provisoirement, qualifier de « technique » – la formule, qui tient de l'oxymore, suscite d'emblée la suspicion –, *L'Histoire des vers qui filent la soye* n'est, au regard du lecteur d'aujourd'hui, ni véritablement fiable sur le plan de l'information, ni justiciable du label « poésie ».

1 *Cf.* Virgile, *Géorgiques*, texte établi et traduit par E. de Saint-Denis, Paris, « Les Belles Lettres », 1968, introduction, p. VI.

2 H. Clouzot, « La sériciculture...», p. 281.

3 *Ibid.*, p. 283, 284 ; p. 286 ; p. 284.

4 Albert-Marie Schmidt, *La Poésie scientifique en France au seizième siècle*, Paris, Albin Michel, 1938 ; rééd. Lausanne, Editions Rencontre, 1970.

5 Sur ce point, voir notre article « *L'Histoire des vers...* », p. 101.

Il paraît inévitable qu'un discours traitant de questions aussi terre-à-terre que la culture du mûrier, la nourriture des vers ou le dévidage des cocons soit voué au prosaïsme – et par voie de conséquence à la *prose* –, et tout aussi inévitable que des développements scientifiques versifiés et rimés éveillent le scepticisme quant à la rigueur de leur contenu. Nos représentations et nos préjugés nous conduisent à faire nôtre assez volontiers la maxime iconoclaste de Gombrovicz : « L'univers de la poésie versifiée n'est que fiction et mensonge. »[1] Le chercheur, l'agronome ou l'historien qui souhaiterait se documenter sur les pratiques séricicoles du temps se référera sans doute plus volontiers à Olivier de Serres, à Laffemas ou Le Tellier, aux experts ou aux gens du métier, qu'à un « curieux », un dilettante dont les afféteries stylistiques peuvent paraître indigestes, rimeur fastidieux plutôt que véritable poète. Le polygraphe, le touche-à-tout se trouve ainsi doublement disqualifié, et il n'est pas sûr qu'il faille imputer ce discrédit à nos seules exigences en matière de science ou d'esthétique.

Il est difficile de savoir comment la *Sérodokimasie* fut reçue par le public de l'époque, mais tout porte à croire qu'elle n'eut qu'une audience restreinte, ne toucha guère qu'un lectorat local et ne suscita pas un enthousiasme excessif. Bien qu'il ne se fonde sur aucun témoignage précis, le commentaire de Clouzot donne sans doute une idée assez juste de la réception de l'œuvre dans les cercles tourangeaux où Béroalde avait ses entrées : « Les dames, le clergé, la noblesse, à qui il adresse ses strophes, goûtèrent certainement le charme de ses descriptions, et surtout la touchante sollicitude qu'il exprime pour le petit peuple insecte fileur de soie [...] Mais il est à croire que des arguments poétiques semblèrent moins convaincants aux « mesnagiers » des champs que les leçons en prose de Laffemas ou d'Olivier de Serres. »[2] Le ton élogieux des pièces liminaires ne doit pas faire illusion : « vray stille d'Ange », « œuvre inimitable »[3] et « vers doux-coulant »[4], autant de formules trop louangeuses pour être honnêtes, dictées par les

1 Witold Gombrowicz, *Contre les poètes*, Paris, Editions Complexe, 1988, p. 40.

2 H. Clouzot, « La sériciculture... », p. 284.

3 « A Monsieur de Verville sur ses stances des Vers qui filent la Soye », f° 1 r°.

4 « Au Sieur de Verville sur sa Sérodokimasie », f° 2, v°.

lois du genre ou l'amitié complice, auxquelles on ne saurait accorder de véritable valeur critique. Personne d'ailleurs ne devait être dupe de ces dithyrambes complaisants qui, plus justement que les stances vervilliennes, méritent d'être qualifiés de « vers de mirliton » ! De la même manière, on comprendra que l'épigramme dirigée contre l'ouvrage de Béroalde – que Saulnier taxe d'« invective assez sotte » ou de « subtile et mordante sottise »[1] – n'est qu'une moquerie vengeresse, révélatrice du niveau auquel se situait le débat dans les milieux littéraires tourangeaux :

> Que dit on du sieur de Verville
> Et de son ouvrage nouveau ?
> Un chacun dit parmy la ville
> Que son ver proceddе d'un Veau[2].

Ce quatrain, qu'« on ne sçait quel sot, ennemy de l'utilité publique et jaloux de la louange legitimement donnee à [l'] autheur [de la *Sérodokimasie*], fist lourdement courre [...] contre ledit sieur de Verville », allait susciter en retour une bordée d'invectives de la même farine. Publiés quelques années plus tard dans un recueil collectif, *Les Muses incognues ou la Seille aux bourriers*[3], ces couplets satiriques frustes et souvent laborieux, sont l'œuvre de Béroalde lui-même[4] et de quelques-uns de ses proches : les initiales des signataires suggèrent assez clairement que plusieurs d'entre eux figuraient déjà parmi les auteurs des poèmes liminaires[5]. Petits règlements de compte sans grand retentissement, à propos d'un

1 V.-L. Saulnier, « Etude... », p. 267.

2 Reproduit. dans *Les Muses incognues* (voir note suivante). V.-L. Saulnier cite (« Etude... », *ibid.*) une variante signalée par Lachèvre :

> « Que dit-on du sieur de Verville ?
> On dit que son écrit nouveau
> A bien fait voir en nostre ville
> Qu'il peut sortir des vers d'un veau. » (Bibliothèque d'Amiens, ms. 563)

3 *Les Muses incognues ou la Seille aux bourriers*, Rouen, Jean Petit, 1604, p. 54. Nous donnons en appendice (p. 201) les pièces relatives à la « querelle de la *Sérodokimasie* » réunies dans ce recueil publié sans nom d'auteur.

4 Une seule pièce est signée *B. de V.* Quatre autres, selon Lachèvre, seraient également de Béroalde (*Cf.* F. Lachèvre, *Les Recueils collectifs de poésies libres et satiriques publiés depuis 1600 jusqu'à la mort de Théophile (1626)*, Paris, Champion, 1914).

5 *G. De T.* (p. 56) est évidemment Guy de Tours (*Sérodokimasie*, f° 2 v°) ; *La P.* (p. 57) pourrait désigner Forget de La Picardière (*Sérodokimasie*, f° 1 v°). *La R. F.* (p. 57) et *B. Sr. de la Roche F.* (*Sérodokimasie*, f° 2 v°) sont sans doute une seule et même personne.

livret qui n'aura fait couler d'autre encre que celle des protagonistes de la querelle – qui aura surtout servi de prétexte à un échange de rosseries.

Si l'on comprend assez bien que la publication de la *Sérodokimasie* n'ait pas été saluée, en son temps, comme un événement littéraire de premier plan, on peut tout de même regretter que la critique seiziémiste ne se soit pas intéressé d'un peu plus près à ce qui fait la singularité de l'ouvrage, à ce que, précisément, le poème aurait de *curieux*. Un examen un peu plus attentif, non seulement du texte lui-même, mais aussi des relations d'intertextualité qu'il entretient avec des traités antérieurs ou contemporains relevant de la même thématique, aurait permis de lever un certain nombre de préventions et, peut-être, d'éviter un véritable contresens quant à la nature de l'œuvre et à ce qui en fait aujourd'hui l'intérêt. Nous croyons que l'ambition de Béroalde est un peu différente de celle qu'il affiche – et ne saurait, en tout cas, se réduire à un projet plus ou moins commandité. Les hypothèses relatives aux motivations de l'auteur ne rendent d'ailleurs guère compte des bizarreries structurelles du texte, de la technique béroaldienne du « mélange », évaluées par H. Clouzot ou V.-L. Saulnier en termes d'agrément stylistique[1]. L'intention déclarée de Verville est d'abord d'ordre didactique : il s'agit, comme il le rappelle sans modestie excessive dans la dernière strophe du poème, de mettre son savoir et son talent au service de ses concitoyens, de les faire bénéficier, une fois encore, de ses conseils avisés :

> Recevez Tourangeaux cet œuvre que Verville
> Formoit considerant vos occupations ;
> Il a plus de vingt fois fait voir à vostre ville
> Ce que peut son esprit par ses inventions[2].

---

1 Pour H. Clouzot, « Légende, mythologie, histoire [se] mêlent *agréablement* aux conseils pratiques » (« La sériciculture...», p. 284) ; pour V.-L. Saulnier « Allusions mythologiques et historiques, éloges à l'adresse du roi, conseils et descriptions techniques, se combinent *de façon souvent pénible.* » (V.-L. Saulnier, « Etude... », p. 267). C'est nous qui soulignons.

2 Strophe CCC (vers 1197-1200). Béroalde reviendra sur ce point dans le *Palais des Curieux*, une douzaine d'années plus tard, ce qui semble indiquer qu'il ne tenait pas sa *Sérodokimasie* pour un ouvrage totalement « anodin » : « ... pour ce que j'ay deliberé Dieu aydant de donner bien tost au peuple beaucoup de beaux

Les visées éducatives du texte, sa valeur pédagogique et son intérêt pratique reposent implicitement sur le sérieux, la qualité technique de l'information qu'il offre, la rigueur scientifique de l'exposé. Titre et sous-titre connotent assez clairement le caractère savant de l'entreprise – bien qu'elle ne relève pas, *a priori*, de la poésie *scientifique* à proprement parler [1] – et les prétentions de l'auteur à l'expertise dans le domaine abordé. La disposition typographique du titre de la plaquette publiée chez Michel Sifleau met en vedette le mot *histoire*, qu'il faut prendre ici dans une acception détachée de tout contenu anecdotique : c'est, en quelque sorte, une monographie versifiée qu'on nous propose, un traité fondé sur l'observation des « choses naturelles »[2]. Le sous-titre et

---

secrets que j'ay cognus et apris par mon labeur, et industrie, pour en charité gratifier les gens de bien, je veux par ce peu disposer les courages à attendre ce que je prepare. Desja j'en ay esté prodigue au Poëme des vers à soye, ceux qui le mespriseront ne sçauront pas le bien qu'il y a. » (*Le Palais des Curieux*, Paris, Vve Guillemot et S. Thiboust, 1612, object LXVIII, « Certaines observations qui tendent à la commodité », p. 494)

1 Nous renvoyons, sur ce point, aux traits caractéristiques du genre mis en évidence par A.-M. Schmidt : « ... une poésie dont le propos primitif n'est jamais d'enseigner, puisqu'elle s'adresse aux habiles, à ceux qui sont sortis vainqueurs du combat contre l'ignorance ; une poésie dont la fin dernière consiste à exposer sur le mode lyrique, épique ou gnomique, à quels principes de synthèse s'est soumis l'écrivain qui la cultive, pour ordonner en une cosmologie les résultats épars de la philosophie naturelle.

« S'efforçant donc toujours d'exprimer une intuition originelle de l'Univers, qu'elle choisisse, comme prémisse normative, le déterminisme astral, l'extase spirituelle, la soumission à la Bible, ou l'élévation de l'âme par l'amour, cette poésie forme la prétention d'être l'achèvement unitaire des sciences [...] Elle n'entre donc dans le détail des disciplines particulières que dans la mesure où celles-ci lui fournissent l'occasion d'illustrer la valeur d'une méthode générale. Poésie scientifique, elle est sauvée du didactisme, que son but pratique contraint à tout énoncer, par cet élément de choix, qui s'ajoute au charme d'un style à qui toutes les audaces conviennent par leur prix personnel, alors que les poèmes didactiques haïssent à bon droit tout personnalisme. » (*La Poésie scientifique...*, p. 15-16)

2 Cette acception du terme *histoire*, encore rarement attestée dans les textes du XVIe siècle et aujourd'hui désuète, se développera dans la langue classique. La première édition du dictionnaire de l'Académie (1694) la donne en second lieu : « Il se dit aussi de toutes sortes de descriptions des choses naturelles, comme plantes, mineraux etc. *L'Histoire naturelle de Pline. l'histoire des animaux. l'histoire des plantes. histoire des mineraux.* » Dans le *Thresor de la langue françoise* de Nicot (1606), le mot, pris en ce sens, n'apparaît qu'incidemment dans le corps de la définition consacrée à la « nicotiane », « pour de laquelle sçavoir l'*histoire* entiere » l'auteur renvoie à la *Maison rustique*. Littré signale cet emploi au dixième rang seulement, en l'illustrant d'un exemple pris chez Buffon (« La

le titre de départ renchérissent sur cette accroche, tout en précisant la nature du propos. Le mot factice[1] *sérodokimasie*, que Béroalde forge à partir de σήρ (*ver à soie*) et de δοκιμασία (*épreuve* ou *essai*), n'est pas seulement révélateur d'une certaine tendance au pédantisme qui se manifeste occasionnellement dans d'autres textes. Ce qui est important, c'est que le grécisme ait valeur d'estampille : il garantit par avance le caractère savant du contenu[2]. En outre, le terme, immédiatement glosé par celui de *recherche*, qu'affectionne également l'auteur, souligne de façon paradoxale le caractère concret, positif, voire lucratif, des connaissances mises à la disposition du public[3] : l'exhibition du savoir se justifie par le souci de transmettre un savoir-faire doublement *éprouvé*, à la fois empirique, fruit de l'expérience des « maistres du mestier », et conforme à une *doxa* nourrie de références livresques.

Qu'en est-il réellement du contenu pratique de cette « recherche » ? Autrement dit, à quoi tient la valeur documentaire qu'on peut lui accorder aujourd'hui – et dont il ne faut sans doute pas exagérer l'importance[4] ? Serait-elle liée au fait qu'on nous propose une information de première main, un témoignage résultant d'une sorte d'enquête sur le terrain, une sorte de reportage avant la lettre, comme semble plus ou moins le suggérer l'article de Clouzot ? C'est sans doute le cas pour quelques points de détail, comme ce procédé de greffage indiqué par un ami au hasard d'une

---

perdrix blanche, dont nous avons donné l'histoire sous le nom de lagopède, *Buff.* Ois. t. IV, p. 171. »)

1 D'après la terminologie de Lausberg. *Cf.* Bernard Dupriez : « Les mots dérivés ou composés conformément aux structures de la langue, bien que non usités, sont aussi appelés mots factices ou mots fictifs. » (*Gradus*, Paris, UGE, 1980, p. 310)

2 Sur la relation entre les langues anciennes et le savoir, *cf.* *Le Palais des Curieux*, object XXXI, « De plusieurs mots usitez, comme Mievre. Il se chesme. Quel bien seroit s'il n'y avoit qu'un langage », p. 218-221.

3 Cette idée est reprise de façon très explicite dans la strophe CCLXXVII (vers 1105-1108) :

> « Je ne vous conte point la vaine fantaisie
> Qui fonde son espoir sur innombrables fraix,
> Je vous dy les effais de la Filosofie,
> Qui rend de grands profits et ne trompe jamais. »

4 *Cf.* H. Clouzot : « ... pour nous, l'intérêt du poème réside dans sa valeur documentaire, particulièrement précieuse quand il décrit les travaux des ouvriers de la soie à Tours. » (« La sériciculture...», p. 284)

conversation[1] ou pour les différentes activités associées aux étapes successives de la récolte et du travail de la soie, que l'auteur a pu observer dans les ateliers locaux[2], mais cela ne représente guère que quelques vers, ou quelques strophes de l'ensemble. L'essentiel du fond technique de la *Sérodokimasie*, même s'il semble révéler une bonne connaissance du sujet, est visiblement constitué en grande partie de matériaux empruntés à des ouvrages antérieurs, qu'il n'est cependant pas toujours facile d'identifier avec certitude. Si Béroalde a composé son poème aussi rapidement qu'il l'affirme, il est douteux qu'il ait pu exploiter à loisir le *Theatre d'Agriculture* d'Olivier de Serres, dont la première édition venait tout juste d'être livrée au public[3]. En revanche, il est vraisemblable qu'il a consulté à maintes reprises la *Cueillete de la Soye*, éditée l'année précédente[4]. C'est, bien sûr, dans les passages traitant du « gouvernement »[5] des vers (strophes XXXVIII-CLXXVIII), de la couvaison et des soins à donner aux jeunes (strophes CXC-

1 Strophe LXXII (vers 285-288) :

> « Entez sur le peuplier ainsi qu'a fait d'Amboise
> Cet ulisse en conseil, entier vers ses amis,
> Qui s'entend à la Muse, et Romaine et Gregeoise,
> Et m'a fait souvenir de ce moyen obmis. »

2 Notamment les strophes CLXXXV-CXC, signalées par H.Clouzot (« La sériciculture...», p. 284-285).

3 Olivier de Serres, *Le Theatre d'Agriculture et Mesnage des Champs*, Paris, Jamet Mettayer, 1600.

4 Voir plus haut, p. 12, note 1. On considère généralement que la *Cueillete de la Soye*, présentée comme un « echantillon du Theatre d'Agriculture », constitue un simple tiré à part du chapitre XV du « cinquiesme lieu », encore inédit (Voir par exemple Martine Gorrichon, « Sources latines d'Olivier de Serres », *RHR*, n° 50, juin 2000, p. 45-58). En réalité les deux textes présentent des différences non négligeables ; ainsi, la plupart des références historiques et littéraires qu'on relève dans les premières pages du chapitre XV du *Theatre* ne figurent pas dans la *Cueillete*, ce qui, du point de vue de la question des sources de la *Sérodokimasie*, n'est peut-être pas sans importance (à ce propos, se reporter aux notes sur le texte, n. 5, p. 50).

5 Le terme recouvre tout ce qui touche à la conduite de la magnanerie, aux soins à apporter aux vers aux différents stades de leur développement On abordera ainsi, successivement, les points suivants : installation et aménagement des locaux (XXXIX-XLII) ; prescriptions relatives à la nourriture des animaux (XLIII-LXXIII) ; prophylaxie et maladies du ver à soie, précautions et recommandations diverses (LXXIV-CVI) ; montée et récolte des cocons, sélection de la « graine » (CVII-CLXXVIII). Le découpage sommaire que nous indiquons ne tient évidemment pas compte des digressions et commentaires incidents qui interrompent le cours de l'exposé technique.

CCXXVIII) ou de la culture du mûrier (CCXXIX-CCXLII) que l'on notera le plus grand nombre de similitudes[1]. On ne peut pourtant considérer que ces coïncidences ponctuelles nous autorisent à parler de pillage ou de plagiat – notion qui, à l'époque et en particulier dans le domaine des écrits techniques, n'a d'ailleurs pas beaucoup de sens. Un examen rapide de la littérature séricicole du temps montre qu'il existe un fonds commun de connaissances, de recettes, de pratiques et de préjugés bien antérieur à la vague de publications inaugurée par la brochure du « seigneur du Pradel ». Le principal mérite de celui-ci reste d'avoir, le premier, codifié et mis à la portée d'un large lectorat un savoir empirique qui n'avait guère, jusqu'alors, suscité l'intérêt du public français. Il est significatif de noter que *L'Agriculture et Maison rustique* de Charles Estienne et Jean Liébault, dont la première édition est de 1564[2], ne consacre guère plus de quatre pages – trois chapitres extrêmement brefs[3] – au ver à soie et présente son élevage comme une activité certes lucrative, mais essentiellement domestique :

> La bonne mesnagere, à qui appartient le gouvernement du bestail, ne doit faire moins de cas du vers filant la soye, que de la mousche à miel. Car outre le plaisir qu'elle peut prendre à contempler l'industrie merveilleuse de ce petit animal à faire et filer la soye, encor peut elle tirer un proffit incroyable de son ouvrage tant excellent [...] Parquoy la fermiere de nostre maison Rustique fera estat de nourrir des vers à soye, à fin qu'elle en puisse retirer proffit de la vente de la soye qu'elle fera tous les ans : quel exercice les femmes Tourangeoises sçavent fort bien pratiquer en nostre France.[4]

---

1 Il serait fastidieux de dresser ici un catalogue exhaustif des possibles emprunts ou des rapprochements que l'on peut établir avec le texte d'Olivier de Serres ou avec d'autres ouvrages que Béroalde pouvait connaître. Nous signalons dans les notes du texte les correspondances les plus significatives.

2 *L'Agriculture et Maison rustique de M. Charles Estienne* [...] *en laquelle est contenu tout ce qui peut estre requis pour bastir maison champestre, nourrir et medeciner bestiail et volaille* [...] Paris, J. du Puys, 1564. Nous avons utilisé la réédition de 1583, à laquelle renvoient les citations qui figurent dans les notes sur le texte.

3 Chap. 85, « L'utilité du ver filant la soye » ; chap. 86, « L'assiette du lieu pour loger les vers à soye » ; chap. 87, « Le gouvernement des vers à soye ». Le texte de ces trois chapitres occupe les folios 276 v°, 277 et 278 r° de l'édition que nous avons consultée.

4 Chap. 85, f° 276 v°.

Pourtant, les observations et les conseils qu'on relève dans cet exposé succinct – et qu'on retrouve pour la plupart chez Olivier de Serres[1] – témoignent de l'existence d'un savoir-faire, encore très localisé[2], dont les origines remontent aux premiers essais d'acclimatation du mûrier en France, dans les années qui suivirent les guerres d'Italie. En outre, les considérations relatives aux vertus médicinales de la soie, qu'Estienne emprunte, semble-t-il à Avicenne[3] (*De medicinis cordialibus*, livre II), sont révélatrices d'une curiosité qui ne se limite pas aux aspects strictement économiques. Le prestige d'une étoffe précieuse et recherchée entre toutes, les anecdotes insolites concernant son origine – qu'on a lues dans le *De rerum inventoribus*, de Polydore Virgile[4] –, les singularités morphologiques de l'animal qui la produit, tout cela fascine. Faute d'une littérature nationale sur le sujet, c'est, tout naturellement, le domaine italien qu'on va mettre à contribution : en Italie, la culture du mûrier, l'élevage du bombyx et l'industrie soyère florissante depuis le siècle précédent ont suscité de nombreux écrits, de caractère fort différent. Des traités techniques, bien sûr, des ouvrages de vulgarisation, comme ceux de Guidiciolo[5] ou Corsuccio[6], que Béroalde a sans doute eus entre les mains[7] ou des articles de recueils encyclopédiques, comme la

1 Notamment en ce qui concerne la salubrité des installations, la protection contre prédateurs et parasites, la nourriture des vers (chap. 86, f° 276 v°, f° 277 r°), la période propice à la couvaison, les soins de propreté ou la préparation de la montée (chap. 87, f° 277 r° et 277 v°).

2 En Touraine, la famille Babou de la Bourdaisière avait commencé à développer la plantation du mûrier dès les années 1540, dans la région de Montlouis (voir *La Soie en Touraine*, Association des amis de la B.C.P. d'Indre-et-Loire, Tours, 1988).

3 Source mentionnée par Garzoni, qui se réfère également à Sérapion (*De simplicibus*). *Cf. infra*, note 1, p. 24, et notes sur le texte, n. 1, p. 105.

4 Voir plus bas, notes sur le texte, n. 5, p. 50.

5 Livantio Guidiciolo, *Avertimenti di Levantio Mantoano Guidiciolo ; bellissimi, et molto utili, a chi si diletta di allevare et nudrire quei cari animaletti che fanno la seta : quali volgarmente si nomano Cavaglieri, overo Bombici, ò Bigatti, ò anco Bacchi, come ti piace. Senza quali, malamente, e di rado potrai conseguire il desiato frutto. Novamente dati in luce*, Brescia, D. Turlino, 1564.

6 Gian-Andrea Corsuccio da Sascorbaro, *Il Vermicello della Seta*, Rimini, G. Simbeni, 1581. Au XVIIIe siècle, cet auteur est encore considéré comme l'un des meilleurs qui aient écrit sur le sujet (*Cf.* Abbé Boissier de Sauvages, *Mémoires sur l'éducation des Vers à soie* [...] *avec un traité sur la culture du mûrier*, Nîmes, Gaude, 1763, vol. I, préface, p. IV).

7 Les références possibles à ces auteurs sont signalées dans les notes sur le texte.

Piazza universale, de Garzoni[1] ; mais aussi des œuvres néo-latines, qui associent contenu didactique et recherche poétique, comme les deux livres du *Bombyx*, de Marco-Girolamo Vida, qui, si l'on en juge par le nombre de ses rééditions, semble avoir connu un extraordinaire succès de librairie[2]. Succès justifié, dans la mesure où Vida réussit à combiner harmonieusement, dans ces quelque

1 Tomaso Garzoni, *La Piazza universale di tutte le Professiono del mondo*, Venise, G.-B. Somasco, 1587, rééd. par Paolo Cherchi et Beatrice Collina, Turin, Einaudi, 1996 (Discorso CL, « De' setauoli, ove si comprendono gli accavigliatori, bavelli, agguindilatori, filatori, le maestre, i tessitori e i mercanti da seta », t. 2, p. 1452-1458).

2 Humaniste, homme d'église et poète néo-latin réputé, Marco-Girolamo Vida, né à Crémone en 1485, mort à Albe en 1566, sera successivement chanoine de Saint-Jean-de-Latran, prieur de Saint-Sylvestre, à Frascati, et évêque d'Albe. Son œuvre, tant en vers qu'en prose, est aussi diverse qu'abondante (traités didactiques, poésie religieuse, épigrammes, essais théologiques ou politiques). On connaît surtout son poème sur les échecs (*De ludo scacchorum*, 1527) qui lui valut, dit-on, les faveurs du pape Léon X, son épopée chrétienne en six chants, la *Christiade* (1535) et son art poétique (*De arte poetica*, 1527). Celui-ci, qui constitue un document intéressant sur les conceptions humanistes de la poésie, s'inspire de Quintilien et consacre Virgile comme prince des poètes : Vida ne tient pas Homère en grande estime et ignore la poésie moderne en langue vernaculaire. Paradoxalement, certaines idées de Vida fourniront par la suite des arguments aux Modernes. On admet généralement que son style ne manque pas d'élégance. Pierre Larousse, qui considère son « poème sur les vers à soie » pour « l'un des plus corrects et des plus châtiés de l'auteur », note à ce propos : « On a de lui divers ouvrages en prose et des poésies où l'on admire non seulement des beautés de premier ordre, mais encore l'habileté extraordinaire avec laquelle il a su traiter les sujets les plus arides et les plus rebelles aux formes de la poésie. » (*Grand Dictionnaire universel du XIXe siècle*, art. « Vida ») Les œuvres de Vida seront régulièrement rééditées jusqu'au XIXe siècle et traduites en diverses langues.

Publié pour la première fois dans le recueil des *Œuvres* de 1527 (*Marci Hieronymi Vidae* [...] *de Arte poetica lib. III. Ejusdem de Bombyce lib. II. Ejusdem de Ludo scacchorum lib. I. Ejusdem Hymni. Ejusdem Bucolica* [...] *Romae, apud L. Vicentinum*), le *De bombyce* sera réédité à maintes reprises au cours du XVIe siècle : Rome (1531), Bâle (1534, 1537, 1548), Lyon (1536, 1537, 1541, 1547, 1548, 1554, 1556, 1559, 1566, 1569, 1578, 1581, 1586, 1592), Venise (1538, 1550), Crémone (1535, 1550, 1560, 1567), Paris (1581), Anvers (1566, 1567), Brescia, Mantoue, etc.

Deux traductions françaises en seront données au XIXe siècle par Jérôme-Balthazar Levée (*Les Vers à soie, poëme de Jérôme Vida, de Crémone* [...] *suivi du Poëme des échecs et de pièces fugitives du même auteur, et d'un choix de poésies de Pierre d'Orville, traduits du latin par J.-B. Levée...*, Paris, H. Nicolle, 1809) et Mathieu Bonafous (*Le Ver à soie, poème en deux chants de Marc-Jérôme Vida, traduit en vers français, avec le texte latin en regard*, Paris, L. Bouchard-Huzard, 1840).

Nous donnons le texte intégral du poème de Vida en appendice, p. 125.

neuf cents vers, une information pratique des plus précises et des évocations poétiques qui ont séduit le public cultivé de l'époque, comme en témoigne la formule louangeuse de Scaliger : « rex librorum Vidæ »[1]. On comprend que si l'œuvre n'a pas été boudée par les érudits les plus graves, c'est en raison des qualités littéraires qu'on lui a reconnues, de son caractère savant, et non pour la valeur des connaissances séricicoles qu'elle offre au lecteur (imagine-t-on un seul instant un simple « mesnager » se documentant sur l'élevage des *cavalieri* dans un recueil de vers latins ?). La sauce mythologique à laquelle l'évêque d'Albe cuisine son *Bombyx* révèle le sens de l'entreprise : il s'agit moins de compiler un livret documentaire que de trousser un brillant exercice de style. D'objet d'étude, le ver devient prétexte à fioritures et développements rhétoriques, cautionne l'exhibition d'un savoir-faire prosodique qui finit par se substituer à l'argument initial.

Il ne fait aucun doute que nous avons là l'un des modèles inavoués de Verville : la *Sérodokimasie*, c'est son *Bombyx*, bien plus que ses *Géorgiques*. Au-delà des réminiscences ou des emprunts ponctuels à Vida, des analogies évidentes, il y a, sinon imitation délibérée, du moins similitude de la démarche et de la manière, même souci de transmuer un matériau didactique brut en élégantes variations sur un thème – et c'est une autre question que de se demander si le but a été atteint :

> Mes vers soyent comme Vers coulans dans les oreilles,
> Mes discours de Satin, mes propos de velours[2].

Que Béroalde le démarque ou s'en démarque de propos délibéré – comme pour bien montrer « ce que peut son esprit par ses inventions»[3], la référence à Vida est constante. Dans les détails techniques ou anecdotiques, d'abord, les recommandations, dont certaines n'ont pu être prises ailleurs : par exemple, faire « courre et brosser » les « vieilles contrefaites », plus résistantes et moins soucieuses de leur beauté que les « tendres pucelettes »[4] ; ou dissuader les enfants trop curieux de toucher aux animaux en leur présentant comme des « serpents cruels »[5]. Mais de ces emprunts,

---

1 *Poétique*, VI, 4 (cité par Georg Roellenbleck, *loc. cit. infra*, p. 30, note 2).
2 Strophe VIII, 29-30.
3 Strophe CCC, vers 1200.
4 Strophe XLV, vers 177-180. *Cf.* Vida, I, 215-225.
5 Strophes CCXXI-CCXXII, vers 881-888. *Cf.* Vida, II, 122-124.

qui relèvent du grappillage plutôt que du pillage, d'autres avant Béroalde se sont rendus coupables, sans qu'on ait, pour autant, le sentiment d'une parenté d'écriture et d'intention. Ce qui, lorsque l'on compare les deux textes, accuse leur relation génétique, c'est, paradoxalement, le travail de réécriture, d'appropriation ou de détournement opéré par Verville. Chez Vida, le recours aux mythologismes est un procédé constant, qu'ils soient purement rhétoriques – allusions et périphrases conventionnelles, « personnifications décoratives », selon la formule de B. Dupriez[1] – ou qu'ils prennent la forme d'évocations de caractère étiologique, dont certaines sont longuement développées. Le récit des origines de la soie, sur lequel se termine le premier chant, variation sur le motif des amours de Saturne et de Philyre, occupe plus de soixante vers[2] ; la descente de Vénus aux Enfers après la perte de ses « bestions »[3] et l'histoire de Sérius et Phætuse, qui conclut le poème[4], en comptent chacune une cinquantaine. Outre ces passages, il faudrait encore signaler les nombreuses références disséminées à travers le texte, signes de connivence culturelle qui, pour le lecteur-modèle de Vida, ne devaient pas poser de problèmes d'interprétation particuliers, qu'il s'agisse de simples appellatifs[5] ou de formules renvoyant à des épisodes mythologiques triviaux[6]. Or, chez Béroalde, on ne retrouve à peu près rien de tout cela : *L'Histoire des Vers qui filent la Soye* tient, à cet égard, du palimpseste. Des éléments mythologiques qui farcissent le poème du *Bombyx* ne subsistent plus que des traces à peine repérables. Les deux allusions à la Toison d'Or, par exemple, que l'on relève aux

1 *Gradus*, p. 345.

2 I, 368-430.

3 II, 211-257. Il s'agit, comme dans l'exemple suivant, d'un épisode mythologique « apocryphe », ingénieuse broderie sur des *topoï* empruntés à l'histoire d'Orphée ou au récit de l'enlèvement de Proserpine. Vida, par la vertu de l'innutrition, se révèle expert dans la contrefaçon des anecdotes étiologiques.

4 II, 387-438. Dans ce passage, où l'auteur rend hommage à sa ville natale par le biais du jeu paronomastique, on reconnaît une réécriture du mythe des Héliades, emprunté à Ovide (*Métamorphoses*, II, 333-366).

5 *Lenæus*, par exemple (I, 93), renvoie vraisemblablement à Virgile (*Géorgiques*, II, 529), comme le suggère la similitude contextuelle (à rapprocher de *Géorgiques*, I, 7).

6 Histoire de Pyrame et Thisbé (I, 205, 216 ; II, 330. *Cf. Métamorphoses*, IV, 55-167) ; thème de la rivalité opposant Minerve à Vénus (II, 98-99) ; enlèvement d'Orithye (II, 156. *Cf. Métamorphoses*, VI, 675-701) ; propriétés des eaux du lac Triton, à Pallène (II, 255-257. *Cf. Métamorphoses*, XV, 356-358).

strophes CXCI et CCXCIV[1] et qui, seules, appellent un décryptage faisant implicitement appel à un savoir partagé – savoir anecdotique, d'ailleurs, bien plus qu'érudition véritable. Ou la mention de *Pallas*, au vers 334, conservée à la faveur d'une périphrase – « cette huyle à Pallas dedié » –, mais qui, désormais, n'a plus aucune signification, puisque, dans le texte de Verville, la découverte de la soie ne doit rien à Vénus, la rivale exécrée. On notera également la vague parenté entre les nymphes tutélaires, très classiquement invoquées par Vida dans l'ouverture dédicatoire de chaque chant, et la « Nimfe de Tours »[2] ; mais celle-ci, fée en robe de laine qui n'a plus grand-chose à voir avec les déités anciennes, fait l'objet d'une assez cocasse récupération folklorique.

Ces coupes claires et ces réécritures ponctuelles ne sont pas de simples stratagèmes visant à adapter l'hypotexte[3] à des circonstances éditoriales particulières. Au-delà de la volonté de toucher un public plus large, de s'associer, comme on l'a dit, à une campagne de propagande ou à une opération publicitaire, les partis pris scripturaires de Béroalde, tels qu'ils apparaissent dans cet « ouvrage anodin », sont révélateurs de conceptions gnoséologiques plus exigeantes qu'on ne pourrait le penser de prime abord. L'accès à la connaissance – comme aux savoirs les plus humbles – a pour préalable le souci constant de la vérité. On aurait tort de tenir pour une digression oiseuse le commentaire incident qui occupe les strophes XI à XVI et précède – ce n'est pas

---

1 Strophe CXCI :

> « Vous tous qui devisez de la toison dorée,
> N'allez point deduisant cette-là de Colcos,
> L'or est fillé dessus la soye preparée,
> La soye est le mouton portant l'or sur le dos. »

Strophe CCXCIV :

> « Icy est l'elixir, et l'or des Filosofes,
> Icy sont les fillets de la riche toison,
> Icy se trouveront les superbes estofes,
> Dont par tant de labeurs se fit riche Jason. »

Cf. Vida, II, 376-378.

2 Strophes VIII, vers 32 ; CCXLVI, 981 et 984.

3 Nous prenons le terme dans le sens que lui donne Gérard Genette : « J'entends par [hypertextualité] toute relation unissant un texte B (que j'appellerai *hypertexte*) à un texte antérieur A (que j'appellerai, bien sûr *hypotexte*) sur lequel il se greffe d'une manière qui n'est pas celle du commentaire. » (*Palimpsestes*, Paris, Seuil, 1982 ; rééd. coll. « Points », 1992, p. 13)

un hasard – le récit des origines du précieux textile. Après une évocation des temps reculés où l'on ignorait « la vertu de ces bonnes chenilles »[1], très proche du texte de Vida[2], l'auteur suspend la narration afin d'exposer ses principes. Le propos équivaut à une antéoccupation, justifiant l'imminent abandon du discours pseudo-mythologique du *Bombyx*, érigé en paradigme par le succès littéraire du poème. Plus que des préceptes relevant d'un art poétique, ce sont des préoccupations d'ordre aléthique qui constituent le fond de cette parenthèse capitale :

> De mensonge on ne peut rien tirer que mensonge,
> Mais de la verité s'espend la verité :
> Aussi je ne dy pas un fantastique songe,
> De science et de vray mon dire est suporté[3].

Pour Béroalde, vérité scientifique et vérité religieuse sont indissociables[4]. Le mythe, invention des « impudens Payens »[5], fondé sur le mensonge ne peut engendrer qu'erreurs et errements ; il est doublement funeste, puisqu'il entretient l'obscurantisme et pare les fausses croyances d'attraits fallacieux. Dès lors que l'auteur se propose de faire œuvre utile, fût-ce en traitant un « petit sujet », il doit s'employer à propager le *vrai*, condition du bien-être et du salut. Les écarts que l'on observe entre la *Sérodokimasie* et son modèle hypotextuel n'infirment nullement l'hypothèse d'une filiation étroite : ils témoignent simplement de la nécessité d'une réécriture drastique, au nom de ce *vrai*, marqué de fortes connotations théologiques, dont on peut, certes, s'étonner aujourd'hui qu'il ne soit pas toujours vérifiable, ni même véridique. L'important n'est pas de substituer au mythe une explication

1 Strophe X, vers 37.

2 *Cf.* Vida, I, 13 *sqq.*

3 Strophe XVI, vers 61-64.

4 Plus personne aujourd'hui ne prend au sérieux les allégations de Colletet concernant la vieillesse fort peu exemplaire et l'irréligiosité larvée du chanoine de Saint-Gatien (Colletet, *Vie de Béroalde*, cité par V.-L. Saulnier, « Etude... », p. 237-238). La découverte du testament de Béroalde ne laisse subsister aucun doute quant à la sincérité de sa foi, même si celle-ci est « plus proche du protestantisme que du catholicisme » (*cf.* « Béroalde de Verville : Testament inédit et documents nouveaux » par Idelette Ardouin-Weiss et Pierre Aquilon, *Bulletin de la Société de l'Histoire du Protestantisme français*, CXXXII, 1986, p. 519-540).

5 Strophe XII, vers 45.

rationnelle – interprétation d'ailleurs hasardeuse et anachronique de la démarche vervillienne –, mais de le christianiser ou de l'historiciser. La soie, que Saturne offrait à Vénus pour l'avoir aidé dans ses entreprises de séduction bestiale, devient chez Béroalde un don du ciel, une « mane seconde »[1] que la providence révèle à Moïse[2]. Quant à son introduction en Europe, c'est à l'astuce de « deux Religieux » qu'on la doit[3], et non plus à un improbable Sérius dont l'existence ne tient qu'à un calembour toponymique[4]. Dans un cas comme dans l'autre, c'est le « fantastique songe » qu'on évacue : ici, en recourant à des faits plausibles, là, en opposant à la fiction païenne une épisode biblique qui, quoique apocryphe, ne constitue pas, dans son esprit, une entorse à la tradition exégétique[5]. Enfin, particulièrement intéressante est la longue digression des strophes CXXXVI-CXLVII[6], amenée par l'évocation de la métamorphose : alors que le processus était pour Vida prétexte à une gracieuse fantaisie sur le *topos* du voyage aux Enfers, il offre à Verville l'occasion d'un développement de caractère allégorique – assez confus, il faut bien le dire – où s'entrecroisent les thèmes de la mort, de la résurrection et du salut, autour de la figure du Christ rédempteur[7]. Cette farcissure allégorique qui voisine avec des considérations pratiques, des conseils techniques, des spéculations touchant à l'économie

1 Strophe CLXXXIV, vers 733.

2 Strophes XVII-XXII, vers 65-88. Voir plus bas, notes sur le texte, note 2, p. 47.

3 Strophe XXIX, vers 118. L'anecdote est probablement empruntée à Polydore Virgile. Voir plus bas, notes sur le texte, n. 5, p. 50.

4 « Vida a imaginé de faire dériver du nom de Sérius celui de *Serio*, que porte une petite rivière qui sort du Val de Seriana, dans le Bergamasque, aux confins de la Valteline, et se jette dans l'Adda, au-dessus de Pizzighetone, dans le Crémonais. » (M. Bonafous, *Le Ver à soie...*, notes du second chant, note 30, p. 149)

5 L'antériorité et la précellence de la tradition biblique opposée à la culture païenne est un lieu commun de l'apologétique (*cf.* par exemple Clément d'Alexandrie, *Stromates*, I, 21). Il est difficile d'établir l'origine de l'anecdote rapportée – ou inventée – par Béroalde, malgré les allusions fréquentes, dans les textes les plus divers, au rôle d'initiateur de Moïse dans plusieurs domaines, parfois inattendus. Philon (*De vita Mosis*) évoque le conducteur de troupeaux aussi bien que le génie polymathe ; Polydore Virgile attribue à Moïse l'invention des sandales, des couronnes et de la trompe guerrière. Voir plus bas, notes sur le texte, n. 2 *sqq.*, p. 47.

6 Strophes CXXXVI-CXLVII, vers 541-588.

7 Voir plus bas, notes sur le texte, n. 1, p. 76.

domestique a de quoi surprendre. En effet, celui qu'on nous présente comme l'un des premiers à soutenir une politique agricole et commerciale dynamique, un propagandiste zélé, en somme, paraît, dans l'utilisation qu'il fait de la symbolique du ver à des fins de réflexion théologique, quasiment archaïque. Non seulement Béroalde n'innove pas, non seulement, malgré l'étendue de son savoir, il semble incapable d'observations scientifiquement rigoureuses à la manière d'un Libavius[1], mais c'est à l'un des plus anciens textes versifiés dédiés au bombyx, celui de Lazzarelli[2], qu'il emprunte le procédé. Antérieur au poème de Vida, l'*Opusculum* de Lazzarelli, dont les qualités littéraires semblent minces, sera éclipsé par le succès de son brillant rival et ne souffre pas davantage la comparaison avec d'autres contemporains, comme Giustolo[3], auquel on reconnaît un talent indéniable ; pourtant, il y a, chez cet érudit obscur, une volonté de donner à entrevoir un plus haut sens qui permet de supposer que Béroalde a pu connaître ses écrits[4]. Les correspondances numérologiques (durée des différentes étapes de la métamorphose et récurrence du nombre *quarante* dans l'Ecriture), les liens allégoriques que l'auteur du *Crater Hermetis* établit entre les phases de l'existence du ver et la thématique de la palingénésie, l'assimilation classique de l'animal et du Christ suggèrent des rapprochements troublants[5].

La *Sérodokimasie* apparaît donc, au bout du compte, comme un texte bien plus complexe qu'on n'aurait pu l'imaginer, jouant simultanément sur plusieurs registres de lecture possibles. Traité de vulgarisation ou « tract » publicitaire, poème didactique et encomiastique, assaisonné de morale, d'un peu de philosophie, voire de mysticisme, la recette est périlleuse ; eu égard à la

---

1 Libavius (Andreas Libau), *Bombycia. Hoc est de Natura, cultura et opere Bombycum libri duo*, in *Singularium*, Saur et Kopff, Francfort, 1599, p. 364-524.

2 *Ludovici Lazzarelli Septempedani Bombyx ad An. Colotium honestæ indolis puerum*, s.l.n.d. [Rome, E. Silbe, *circa* 1505]. Ce texte a été réédité et commenté par Georg Roellenbleck : « Lodovico Lazzarelli, Opusculum de Bombyce » in *Literatur und Spiritualität*, Hans Sckommodau zum siebzigsten Geburstag (Münchener romanistische Arbeiten, siebenundvierzigstes Heft), Munich, Wilhelm Fink Verlag, 1978, p. 213-231.

3 Pier-Francesco Giustolo, *De Sere, seu setivomis animalibus* in *Iustuli Spoletani Opera*, Rome, G. Mazzocchi, 1510.

4 Voir plus bas, notes sur le texte, n. 1, p. 77.

5 Voir plus bas, notes sur le texte, n. 1, p. 76.

diversité des ingrédients mis en œuvre, on comprend que le livre, accueilli avec indifférence ou malveillance hors d'un cercle d'intimes, ait pu susciter par la suite plus de curiosité défiante que d'intérêt véritable. Naturellement, il est facile d'en mettre en évidence les défauts, les lourdeurs, voire les ridicules. La structure d'ensemble manque et de la rigueur qu'on est en droit d'attendre d'un ouvrage technique, et de l'élégance qui signale l'œuvre littéraire : on est aussi loin de la clarté et de la concison d'un Corsuccio, de la précision méticuleuse d'un Olivier de Serres, que de l'harmonie de proportion des pièces néo-latines. Les changements de registre que nous avons évoqués plus haut, parabases plus ou moins verbeuses, incidentes et digressions qui interrompent le développement du sujet confèrent à l'ensemble une allure chaotique ou confuse. Le mélange des genres, le caractère hybride de ce texte disparate conduit à de regrettables dérapages stylistiques ; les velléités poétiques nous valent des mièvreries, des naïvetés qui confinent à la niaiserie, comme lorsque Béroalde évoque – au premier degré, hélas ! la destinée tragique des « tendres Vermiceaux » :

> Pauvres petits mignons je voudrois bien vous pleindre,
> Car vous ne vistes onc ny peres ny enfans[1],

ou encore leur fidélité conjugale exemplaire :

> Les masles ne vont pas aux Amours incertaines,
> Car chasquun d'eux se tient à sa douce moitié,
> Et leurs dames qui sont de pudicité pleines,
> Ne changent point aussi d'objet ny d'amitié.[2]

On pourrait inutilement ironiser sur des galanteries qui semblent plagier par anticipation les pauvretés alambiquées qu'on imputera aux « précieux »[3], épingler, çà et là, de ces « vers de mirliton » à quoi V.-L. Saulnier ramenait la *Sérodokimasie* tout entière, déplorer de pénibles kakemphatons[4], des lourdeurs sentencieuses,

1 Strophe XXXVI, vers 141-142.

2 Strophe CLXX, vers 677-680.

3 Voir, entre autres, les strophes CCV (vers 817-820) et CCXXVI (vers 901-904).

4 « La laine d'an en an, dont tous draps on tiroit », strophe 244, vers 976.

de laborieux galimatias, dont on a parfois du mal à démêler la signification[1]. On pourrait tout aussi aisément trouver des contre-exemples, relever de véritables réussites prosodiques, d'ingénieuses combinaisons verbales ou phonétiques, des jeux sur le son et le sens, des « baroquismes » comme il en abonde chez d'Aubigné, s'étonner de formules auxquelles notre « encyclopédie »[2] donne d'étranges résonances :

> Cependant que le temps vous preste de l'espace...[3]

On pourrait encore poursuivre indéfiniment l'inventaire et le débat sur les éventuelles qualités de l'œuvre ou son hypothétique valeur, documentaire ou littéraire. Il semble, au fond, que, comme nous l'écrivions naguère, ce type de question n'ait « guère de sens et peu d'intérêt »[4]. Ce qui importe, c'est qu'en dépit de ses indiscutables faiblesses et indépendamment de ses parcimonieuses élégances, hors de toute velléité d'évaluation en termes de pertinence technique ou scientifique, *L'Histoire des Vers qui filent la Soye* reste caractéristique d'une démarche scripturaire et gnoséologique originale. À la fois archaïque et audacieux, Béroalde de Verville se révèle tel qu'en lui-même dans ces quatrains, avec ses tics d'écriture, son goût de la compilation, du collage et du fragment, mais aussi son désir d'appréhender le monde dans sa totalité, d'en considérer chaque élément comme signifiant, et chaque manifestation de la vie comme un signe de la présence divine. Ouvrage pratique, plein de conseils utiles aux « mesnagers diligens »[5], cette *Sérodokimasie* est aussi un compendium de l'éthique et de la philosophie béroaldiennes, où les « belles

1 Voir les strophes CXI, vers 442, ou CXXXIX, vers 553-554.

2 Sur cette notion, voir Umberto Eco, *Lector in fabula*, Paris, Seuil, 1989, chap. 3, « Le lecteur modèle », p. 61 *sqq*. et *passim*.

3 Strophe LXXIX, vers 713.

4 « *L'Histoire des vers...* », p. 110.

5 Strophe CCXXIX, vers 913.

occupations mechaniques »[1], le travail et l'expérience, conduisent au *vrai*, où l'observation active, la *recherche*, mieux que la contemplation stérile permettent d'espérer « entrevoir Dieu à travers les ténèbres de la substance »[2].

1 Testament de Béroalde de Verville, « Béroalde de Verville : Testament... », p. 523.

2 L'expression est empruntée à Fulcanelli (*Les Demeures philosophales*, Paris, Ed. des Champs-Elysées, 1960, p. 46). On pourra se reporter, à ce propos, au *Palais des Curieux*, en particulier à l'objet LXXIV, « Difference d'observation et d'experience. La signification de ce mot, Fidelle » : « ... en nous il y a un esclat de divinité attribué par grace, lequel brille en nos âmes et nous esleve, et fait discourir pour nous confirmer à la verité. C'est cette unique grandeur qui nous a formé l'intelligence, dont nous nous aydons à contempler à observer et experimenter tout ce que nous pouvons. A contempler et admirer ce qui est par dessus nous. A observer et considerer ce que les creatures sujettes executent pour nostre commodité, et j'ose dire service [...] A experimenter et traicter ce qui est moindre que nous, et à nous absolument subject, et est en nostre puissance de le manier à nostre volonté, ou loisir. Pource que nous faisons profit de tout nous notterons par cela que nous venons de dire, qu'il y a difference entre observer et experimenter, l'observation est ès choses qui sont hors de nostre pouvoir, comme d'observer les cours des astres, les rencontres des vents, et aussi en quelques-unes qui sont soubmises à nous, comme de notter ce qui est en un chappon, en un mouton, ce qui avient sans que ce soit par nostre industrie, ainsi l'observation est de ce dont les causes ne dependent pas de nous, il y a bien aussi une petite observation laquelle est de ce qui est de nos experiences : experimenter est faire passer par sa main ou industrie ou pouvoir, ce que l'on desire sçavoir, et dont on veut estre esclaircy pour en estre certain. » (p. 528-529)

PRINCIPES D'ÉTABLISSEMENT DU TEXTE

Notre texte se fonde sur celui de l'exemplaire de la B.N.F. Les passages douteux ou présentant des difficultés de lecture ont été rétablis à partir de l'exemplaire de la British Library (voir ci-dessus, p. 7).

Bien que soucieux de ne pas dénaturer le texte original, nous n'avons pas cru utile de conserver certaines négligences ou singularités typographiques – d'ailleurs peu nombreuses et portant essentiellement sur l'accentuation – qui ne présentent guère qu'un intérêt anecdotique.

En règle générale nous avons appliqué les principes suivants :

– *i* et *j*, *u* et *v* ont été dissimilés (*ie l'esuente* → *je l'evente*) ;

– abréviations et ligatures ont été résolues : *ã* devient *an* (*desirãt* → *desirant*), *ß* devient *ss* (*deßin* → *dessin*), *&* est remplacé par *et* ;

– seule la préposition *à* porte à peu près régulièrement l'accent grave dans le texte original. Les rares omissions ont été corrigées. Les autres mots outils ont été accentués conformément à l'usage actuel chaque fois que les graphies originales pouvaient prêter à confusion ou dérouter le lecteur moderne. Les prépositions ou locutions *apres*, *aupres de*, *de pres* (ou *de prés*), *dés*, *es* (ou *és*), *pres de* deviennent ainsi *après*, *auprès de*, *de près*, *dès*, *ès*, *près de*. La substitution de l'accent grave à l'accent aigu a été étendue à toutes les finales en [ɛs] ou [ɛ] (*Hipocratès*, *exprès*) ; les adverbes *deçà*, *desjà*, *jà*, le présentatif *voilà*, le relatif *où* et les démonstratifs du type *cestuy-là* ont également été accentués de façon systématique ;

– l'accentuation du [e] en syllabe finale a été étendue aux formes du féminin (*Araignee* → *Araignée*, *reculees* → *reculées*) ; les formes verbales de la deuxième personne du pluriel en *-és* (*gardés*, *verriés*, *verrés*... pour *gardez*, *verriez*, *verrez*...) ont été conservées ;

– les accents intérieurs, peu nombreux, les trémas et traits d'union, dont l'usage reste hésitant, ont été maintenus en l'état ; aucun ajout n'a été opéré ;

– l'adverbe *aujourdhuy*, le présentatif *cest*, les formes *la* (pronom élidé + verbe avoir), *lon*, *ny* (ou *ni*) et *quaux*, ont été désagglutinés et transcrits *aujourd'huy*, *c'est*, *l'a*, *l'on*, *n'y* (ou *n'i*) *qu'aux* ; l'unique superlatif, *tresgrand* (CXXXVII, 546), a été conservé sous sa forme originale ;

– les rares corrections apportées à l'original dans le cas de coquilles ou d'accidents typographiques manifestes, sont signalées par un astérique et justifiées dans une liste récapitulative, à la suite du texte (p. 115). Sauf mention particulière, la distribution des majuscules et la ponctuation originale ont été strictement respectées.

Le foliotage est indiqué entre crochets droits, ainsi que les signatures.

[1]

L'HISTOIRE
DES VERS QVI
FILENT LA
SOYE.

En cette SERODOKIMASIE *ou recherche de ces Vers est discouru de leur naturel, gouvernement, utilité, plaisir & profit qu'ils raportent :*

PAR

BEROALDE DE VERVILLE.

A TOVRS,

Chez MICHEL SIFLEAV, Imprimeur : Libraire, demeurant en la ruë de la Sellerie devant les Cordeliers.

M.D.C.

[1 v°]

A MONSIEUR DE VERVILLE
SUR SES STANCES
des Vers qui filent la Soye.

Rendant par un vray stille d'Ange
Ce Ver beaucoup plus grand qu'il n'est,
Tu es usurier de loüange
Et la baille à grand interest ;
Car par cet œuvre inimitable
Ton esprit s'est si bien joüé,
Que ta loüange est plus loüable
Cent fois que ce qu'elle a loüé.

La Picardiere Forget[1].

Au Sieur de VERVILLE.
En cette ardeur Poëtique
Es Vers prenant tes ébats, *
Tu enseignes Politique
Comme on doit vivre icy bas.

M. Bataille Sr du Buisson[2].

1 Pierre Forget, seigneur de Beauvais et de la Picardière (1569-vers 1640), secrétaire d'Henri IV, puis contrôleur général des eaux et forêts, sera sous Louis XIII conseiller d'Etat et maître d'hôtel ordinaire du roi. Généalogiste de l'ordre du Saint-Esprit et historiographe de l'ordre de Saint-Michel, il est l'auteur d'un recueil de quatrains moraux et philosophiques, *Les Sentimens de messire Pierre Forget* (Lyon et Paris, Guillaume Citerne, 1630). Il a également laissé des poésies diverses, dont un *Hymne à la Reine régente, mère du Roi* (Paris, Toussaint Dubray, 1613). Selon Colletet, Forget de la Picardière compte, ainsi que Guy de Tours et François d'Amboise (voir plus bas, notes 1, p. 42 et 2, p. 61), parmi les « excellens hommes [du] siècle » qui « ont hautement loüé » Béroalde (*Cf. Vies des poètes tourangeaux*, éd. par L. Locey, M. Locey et J. L. Pallister, "Biblio 17", 46, *Papers on French Seventeeth Century Literature*, Paris-Seattle-Tübingen, 1989, p. 37-38). On relève également des vers de P. Forget dans un autre ouvrage de Béroalde, *L'Histoire d'Herodias tirée des monumens de l'Antiquité* (Tours, S. Molin, 1600).

2 Personnage non identifié. On trouve dans le *Dictionnaire géographique, historique et biographique d'Indre-et-Loire et de l'ancienne Touraine* de Carré de Busserolle (Tours, Rouillé-Ladevèze, 1878-1884) de nombreux fiefs et lieux-dits « le Buisson », sans qu'il soit possible de faire le rapprochement avec le signataire de ce quatrain.

[2]

A Messieurs de
TOURS

MESSIEURS,

Ceux qui sont en une Republique doivent aporter tout ce qui est de leur pouvoir affin que l'estat entier en soit non seulement maintenu, mais augmenté : Ce que desirant pratiquer à la gloire de vostre ville, je m'avance par ces Vers d'exciter les belles ames à ce qui est de leur devoir, tant pour agrandir que pour soulager leur patrie ; Et pour cet effait je vous dedie cet œuvre où vous verrez le projet heureux d'un juste moyen de se multiplier en richesses et magnificences qui vous pourront rendre égaux aux Princes des Cités qui ont eu l'honneur de recevoir le tiltre de Roynes sur les nations ; C'est le bien, le profit et l'avantage qu'avec toute humble devotion de vous faire service, vous desire VERVILLE.

Aux Dames de Tours[1].

DAMES si vous croyez ce que je vous raconte,
Et que vous y vouliez soigner à bon escient,
Vous aurez tant de bien que vous ne tiendrez conte
Des plus riches presens qu'on charge en Orient.

[ã ij]

[2 v°]

AU SIEUR DE VERVILLE
SUR SA SERODOKIMASIE.

Vrayment docte VERVILLE un haut dessein t'enflame
Beaucoup plus hazardeux que le Promethean,
Moings cognu que n'estoit l'enclos Dedalean,

1 Giovanni-Andrea Corsuccio da Sascorbaro place en tête de son traité, *Il Vermicello della Seta* (*cf. supra*, introduction, note 6, p. 23), divers paratextes dédicatoires, dont un sonnet *in lode della Citta di Rimini* et une double épître, *Alli molto magnifici sig. gentilhuomini de Rimini* et *Alle Donne di Rimini.* Il est douteux que cette pièce, relativement longue, dans laquelle l'auteur explique notamment pour quelles raisons il a renoncé à composer son traité en latin, ait pu inspirer à Verville ce quatrain aussi creux que conventionnel.

Et noüeux comme fut la Gordienne trame.
Neantmoings toy qui es remply d'Enthousiasme*
Tu surmonte en cecy tout acte Herculean,
Avoisinant au Ciel un peuple Pygmæan
Qui en soy estant mort, par toy reprend son ame.
Vermisseaux Protheans jusqu'icy delaissez
Esclaves en Sicile hardiment confessez
Que vostre liberté vient du docte VERVILLE *:*
Et que par le moyen de son vers doux-coulant
Après avoir filé, vous verrez en volant
Un grand Royaume au lieu de vostre petite Isle.

B. Sr. de la Roche F[1].

Quand je ly dans tes vers VERVILLE,
Ton Ver en soye piaffant,*
Je t'estime plus que Virgile

1 Selon V.-L. Saulnier, cette signature désigne Charles de La Rochefoucauld, sieur de Barbezieux, conseiller du roi, qui aurait été l'un des amis de Béroalde « dans ses années tourangelles », c'est-à-dire à partir de 1589 : « Nous pensons que c'est lui que désigne la mention "de B. [*sic*] sieur de la Roche F." en tête de la *Sérodokimasie.* » (« Étude... », p. 235, note 1) Cette identification paraît surprenante – en tout cas inacceptable d'un point de vue chronologique – et semble résulter d'une confusion, puisque le dernier représentant de la branche des La Rochefoucauld-Barbezieux disparaît sans laisser d'héritier mâle bien avant l'installation de Béroalde en Touraine : « Charles de la Rochefoucaud, seigneur de Barbezieux, Linieres, Meillan, Preuilli, Charenton et le Blanc en Berri, gentilhomme ordinaire de la chambre du roi, lieutenant general au gouvernement de Champagne et de Brie, grand senechal de Guyenne, fut fait chevalier des ordres du roi le 31 décembre 1578 et mourut en 1583. » (Moreri, *Dictionnaire historique*)

On peut penser à d'autres contemporains de Béroalde, comme Bernard de La Roche-Flavin (1552-1627), avocat à Toulouse, puis conseiller au présidial et président aux requêtes, que notre auteur aurait pu rencontrer à Paris dans les années 1580 (voir J.-J. Delsol, *Notice sur La Roche Flavin*, Rodez, N. Ratery, 1866).

Qui d'un vers gravement facile
Fait d'une mouche un Elephant.

GUY DE TOURS[1].

---

1 Michel Guy, dit Guy de Tours, fils d'un procureur au présidial de Tours, avocat et « bon poète » (V.-L. Saulnier, *loc. cit.*, p. 235), compte également parmi les proches de Béroalde. Sa biographie reste mal connue : né en 1551 selon Chalmel ou Carré de Busserolle, en 1562 selon Prosper Blanchemain, il serait mort en 1605 ou 1611, dates les plus plausibles de toutes celles que l'on a pu proposer. Souvent considéré comme un rimeur médiocre, méprisé par La Monnoye ou l'abbé Goujet, il sera tardivement réhabilité par P. Larousse (*Grand Dictionnaire Universel du XIXe siècle* : « ... ses poésies ne manquent ni d'élégance ni d'originalité. »), P. Blanchemain (voir la « Notice sur Guy de Tours » qui accompagne les deux volumes publiés chez Willem en 1878) et, plus récemment par Marcel Girard, qui le qualifie de « poète charmant d'une Renaissance attardée » (« Guy de Tours (1562-1611 ?) ou la poésie tourangelle » in *Mémoires de l'Académie des Sciences, Arts et Belles-Lettres de Touraine*, 7, 1994, p. 101-113). Il est l'auteur de poésies amoureuses, recueillies dans *Les Premières Œuvres poétiques et Souspirs amoureux* (Paris, Nicolas de Louvain, 1598, rééd. P. Blanchemain, Paris, Léon Willem, 1878), d'une *Semaine sainte* (1600) et d'un *Paradis d'Amour* dédié aux « Nymphes de Tours » (rééd. par P. Blanchemain avec les *Mignardises amoureuses* et les *Meslanges et epitaphes*). Une pièce liminaire signée de Béroalde figure au premier livre des *Souspirs amoureux*. *Les Muses incogneues ou la Seille aux bourriers*, publié sous le nom de Guy de Tours en 1604 (Rouen, Jean Petit) est un recueil collectif, qui contient notamment les cinq quatrains de Béroalde en réponse aux détracteurs de la *Sérodokimasie* (v. introduction, p. 17 et appendices, III, p. 201).

[3]

LA SERODOKIMASIE,

OU

RECHERCHE DES VERS QUI FILENT LA SOYE, DE LEUR NATUREL ET gouvernement.

I.

Un glorieux dessin m'anime le courage,
Et je l'accompliray de tant de graves vers
Que l'on recognoistra dans ce superbe ouvrage,
Qu'aux puissans Elefantz j'égaleray les Vers :

II.

Esprit qui as le soin des petites substances
Comme de ce qui est plus grand, et plus parfait,
Veuilles guider ma voix sur les magnificences
De tes fais infinis, sur ce petit sujet[1].

III.

Où dois-je commencer discourant de l'engence
Et des effais des Vers les plus industrieux ?
Ilz forment leur semence, ilz sont faitz de semence
Deux fois goustant la mort, deux fois voyant les cieux.

[A]

[3 v°]

IIII.

Ce grand Dieu qui de rien forma toute substance,
Fit premier l'animal dont d'autres sont produitz,

1 Invocation liminaire dans l'esprit des *Géorgiques* (IV, 3-7).

En imitant ainsi la premiere ordonnance,
Nous dirons l'animal, et puis après ses fruitz.

V.

Faisons un peu d'arrest sur cette creature
Qui vile en apparence a tant de dignitez :
Ce grand Dieu tout-puissant, ce maistre de Nature,
Couvre de peu de cas de grandes raretez.

VI.

Mais que voulons nous voir ? un papillion qui vole,
Une triste chenille, un petit vermiceau ?
Non ; mais dessous la peau d'un bestion frivole,
Tout ce que la nature a de rare et de beau.

VII.

Comme la soye est douce ainsi doucement coule
La mesure des tons que je vays assemblant,
Et comme sur la nege une autre nege roule,
J'aille de vers en vers mes vers emmoncelant :

VIII.

Mes vers soyent comme Vers coulans dans les oreilles,
Mes discours de Satin, mes propos de velours,
Et ce que je diray de ces belles merveilles,
Soit dit en la faveur de la Nimfe de TOURS[1],

---

1 Mythologisme à rapprocher de Vida (*De Bombyce*, I, 3-4, 7-8 et II, 1), qui se double peut-être d'une allusion galante. On peut en effet penser à l'hommage poétique aux « nymphes de Tours », palmarès versifié célébrant les beautés locales, qui figure dans le *Paradis d'Amour* de Guy de Tours et dans lequel est mentionnée la femme de Victor Gardette, donné plus loin pour le commanditaire de la *Sérodokimasie* (voir plus bas, strophe CXCXV et note 2, p. 111).

IX.

Ces Vers ingenieux jadix comme inutiles
Pendoyent deçà delà ès branches des forestz,
La soye estoit ainsi que les filandres viles
Dont l'Araignée fait les lassis de ses retz :

X.

Ignorant la vertu de ces bonnes chenilles,
On les laissoit en l'ær se perdre sans honneur,
Mais leurs dougés filetz qu'on estimoit vetilles,
Sont entre les sujetz de plus grande valeur[1].

[4]

XI.

Je sens bouillir mon cœur, il faut que je l'esvente,
Pour produire aujourd'hui quelque discours nouveau,
Bien souvent il avient que ce que l'on invente
Après[2] la verité, se juge saint et beau.

XII.

Les impudens Payens traitoyent leur poësie
La tournant à leur gré par leurs inventions,
Et le Chrestien peut mieux de la Theologie
Former les beaux dessins de ses intentions.

XIII.

Vaut il pas mieux tirer la belle allegorie
Des trais de verité, que des ærs mensongers ?

1 Strophes IX, X : *cf.* Vida, I, 13 *sqq*.

2 C'est-à-dire en se fondant sur la réalité, sur des faits observables. Cet « art poétique » est commenté dans les strophes suivantes. La *vérité* s'accompagne ici de fortes connotations morales et religieuses. Il s'agit moins de « réalisme » avant la lettre que du souci affiché de mettre l'*inventio* au service d'un projet didactique et édifiant.

Par tant je veux tirer des memoires de vie
La bonne invention de ces Vers mesnagers.

XIIII.

Possible aurois-je appris ès membranes antiques
Ce recueil incognu aux doctes de ce temps,
Mais comme il est permis aux ames poëtiques,
Je le tay pour l'honneur qu'aujourd'huy j'en pretens :

XV.

Et puis l'Esprit divin qui nos esprits anime,
Est dit le petit Dieu qui loge dans nos cœurs,
Meu par sa Deité qui nos ames domine,
Je jouis de la loy de nos saintes fureurs :

XVI.

De mensonge on ne peut rien tirer que mensonge,
Mais de la verité s'espend la verité :
Aussi je ne dy pas un fantastique songe,
De science et de vray mon dire est suporté.

XVII.

Lors que Moyse erroit ès pleines d'Arabie,
Qu'ès montaignes aussi par fois il reposoit.
Il alloit remarquant pour le bien de la vie,
Tout ce que la nature à ces* yeux exposoit.

[Aij]

[4 v°]

XVIII.

Il trouva par rencontre ès forestz reculées,
Le petit Vermisseau qui la soye filoit,
Et ayant peu à peu ses bogues desfilées,
De filetz bout à bout la force en essayoit :

XIX.

Il conferoit en soy que la laine grossiere
Ne se pourroit jamais filer si dougément,
Mesmes du lin exquis la plus riche maniere,
Ne rendroit ses filetz si delicatement.

XX.

Alors son cœur estoit occupé de la flame
Que l'œil de Sephora[1] chastement lui causoit,
Et se ressouvenant de sa pudique Dame
Desjà de ces* beaux dois sa soye il devidoit.

XXI.

Il fit provision de ces riches fusées
Dont il fit à sa Dame un present de devoir,
Elle avecques ses sœurs au mesnage avisées
Descouvrit de ces Vers l'industrieux scavoir.

XXII.

Ces belles aussi tost heureuses menageres,
Cognurent de ces Vers toute la rareté.
Et souvent devidant leurs fusées legeres,
En establirent l'art pour la posterité[2].

1 Séphora (Cippora), épouse de Moïse, l'une des sept filles de Raguel (Réouël) ou Jéthro, sacrificateur de Madian (Exode, 2 : 21 et 18 : 2).

2 Nous n'avons pu déterminer l'origine de cette fiction fondatrice. On ne sait si l'attribution de la découverte de la soie à Moïse est empruntée à une source inconnue ou s'il s'agit d'une invention de Béroalde, qui aurait pu extrapoler à partir d'une traduction fautive d'un passage de l'Exode : « Ce n'est [...] pas la soie que Moïse nomme (*Exod.*, cap. XXVI) parmi les étoffes précieuses dont il prescrit l'emploi pour les voiles intérieurs du tabernacle ; et Luther nous semble avoir adopté à tort cette interprétation du mot hébreu ; la version des Septante, la Vulgate, Dom Calmet dans ses savants commentaires sur la Bible, Cahen dans la [...] traduction qu'il a faite sur le terme hébreu, mettent pour le mot **שש**, ***shesh***, le byssus, le fin lin. » (Ernest Pariset, ***Histoire de la soie***, Paris, A. Durand, vol. 1, 1862, p. 26) On peut également penser à un rapprochement fondé sur la parenté phonétique entre le mot hébreu qui, dans l'Ancien Testament (Ezéchiel, 16 : 10 et 16 : 13) semble désigner la soie, **משי** (*meshiy*), et le nom de Moïse, **משה**

XXIII.

La fille de Plates la scavante Pamphile[1],
Entendant le renom de ces* antiques seurs,
Et trouvant de ces Vers ès arbres de son Isle
Comme elles devida de ces Vers les labeurs.

XXIIII.

Pamphile aussi pouvoit estre du parentage
Du grand Hypocratès[2] fontaine de scavoir,

(*Mosheh*). Cette attraction paronymique s'inscrirait alors dans une logique de la « preuve par le langage » (voir l'article "étymologie" in Bernard Dupriez, *Gradus*, p. 203).

La référence biblique, quoique parfaitement apocryphe, procède visiblement d'une volonté de surenchérir sur les traditions des « impudens Payens » et les fantaisies mythologiques de Vida. Le choix de Moïse, polymathe emblématique, équivaut à un argument d'autorité et la pudicité de Sephora s'oppose à l'indécente coquetterie stigmatisée par Pline (voir note suivante). Il faut tout de même signaler ici que, selon une légende persane, le premier couple de vers à soie serait né des plaies de Job et qu'une tradition arabe post-coranique attribuerait l'invention de la soie à Salomon. Un poète justement oublié du siècle dernier a commis sur ce thème une œuvrette qu'il donne pour « traduite de l'arabe » sans indiquer ses sources (Alexandre Ducros, *La Légende du ver-à-soie*, Paris, Dentu, 1876). Nous ignorons si Béroalde a pu avoir connaissance de tels récits, dont on ne trouve pas trace dans les textes antérieurs à la *Sérodokimasie* (voir à ce propos « Les légendes de la soie » in *La Soierie de Lyon*, 8, août 1934).

On peut rapprocher de cet épisode pseudo-biblique la métaphore de la strophe CLXXXIV, qui assimile la soie à une « manne seconde ».

1 *Cf.* Aristote : « 'Εϰ δέ τούτου τοῦ ξῴου ϰαὶ βομβύϰια ἀναλύουαι τõν γυναιϰῶν τινέσ ἀναπηνιξόμεναι, ϰἄπειτα ὑφαίνουσιν' πρώτη δέ λέγεται ὑφῆναι ἐν Κῷ Παμφίλη Πλάτεω θυγάτηρ. » (*Histoire des animaux*, V, 19) et Pline : « Prima eas redordiri rursusque texere inuenit, in Coo mulier Pamphile, Plateæ filia, non fraudanda gloria excogitatæ rationis ut denudet feminas uestis. » (*Histoire naturelle*, XI, 26)

2 L'île de Cos, dans la mer Egée, étant le lieu de naissance d'Hippocrate, Béroalde opère un rapprochement qui place, en quelque sorte, l'industrie de la soie sous son parrainage indirect. La tradition est ainsi récupérée, rationalisée et corrigée : du point de vue chronologique aussi bien que du point de vue hiérarchique, le représentant symbolique du savoir profane vient *après* le guide spirituel et religieux. On n'est pas très loin des spéculations apologétiques des pères de l'Eglise (voir, par exemple, à propos de la précellence et de l'antériorité des institutions judaïques comparées à la philosophie grecque, Clément d'Alexandrie, *Stromates*, I, chap. 21 *sqq.*) On verra toutefois dans le *Palais des Curieux* que Verville accorde à Hippocrate un prestige et un statut particulier, une révérence marquée de religiosité : « ... le grand Hipocrates, unique lumiere de

Et possible il estoit destiné qu'en tel age
En leur Isle de Co l'on devoit tout scavoir :

[5]

XXV.

Dès lors cette pratique estant mieux recherchée,
La soye avec le temps est entrée en valeur,
Et par la diligence estant bien espluschée,
On a fait de grands guains d'un petit de labeur.

XXVI.

Il nous faut confesser que l'Eternel propice
Nous donne ce moyen pour compensation,
Car le temps qu'on employe à ce bel exercice,
N'entre pour œuvre aucune en aucune saison.

XXVII.

Le pauvre homme des champs qui travaille sans cesse,
Perd bien souvent son temps, son travail, et son bien,
Mais celuy qui aux Vers deux ou trois mois s'adresse
Peut pratiquer beaucoup et ne hazarder rien.

XXVIII.

Plusieurs bien avisez faisans leur labourage,
N'ont pas eu à desdain ces tendres Vermiceaux,
Mais ayans estably l'ordre de leur mesnage,
Ont bien nourry des Vers et serré leurs fuseaux.

---

tous les Fisyciens, celuy auquel Dieu s'est plus communiqué entre les Payens, et qu'à bon droict on doit dire l'Evangeliste des Medecins, ausquels ses œuvres sont comme escriture saincte... » (*Le Palais des Curieux*, objet XXIII, « De la Coudee », p. 157 *sq.*)

XXIX.

Du temps d'Aurelian[1] de l'Empire Monarque,
A Rome au prix de l'or la soye se vendoit
Et pour lors elle estoit une unique remarque,
Que riche et grand estoit celuy qui s'en vestoit.

XXX.

Ce Prince qui des Loix forma le grand ouvrage[2],
Eut la gréne[3] des Vers, par deux Religieux,
Et depuis de Serinde[4] on cognut le voyage,
Dont à Rome on porta grande quantité d'œufs[5].

---

1 Empereur romain de 270 à 275. Vainqueur de Zénobie, reine de Palmyre (273), il obtint la soumission de l'empereur des Gaules Tetricus (274) et s'efforça de redresser l'Empire menacé de dislocation. L'ampleur de son activité politique et militaire lui valut le titre de *restitutor*.

2 Périphrase pour désigner Justinien, empereur d'Orient de 527 à 565. Instigateur de la vaste entreprise de compilation et de codification qui devait fixer le droit romain, il s'employa durant son règne à la restauration de l'intégrité territoriale de l'Empire, morcelé par les invasions barbares. Déterminé à soumettre l'ennemi extérieur aussi bien que les séditieux, il s'efforça d'éradiquer le paganisme, favorisa par sa politique l'expansion économique et commerciale, encouragea le développement culturel.

Même si les figures d'Aurélien et de Justinien ne procèdent pas d'un choix original de l'auteur (voir plus bas, note 5), il semble que Béroalde ne se contente pas de les utiliser comme références historiques obligées ou simples repères chronologiques, ainsi que le font ses devanciers. De la même manière que dans le cas de Moïse ou d'Hippocrate, le mythique se substitue au référentiel : les empereurs mentionnés apparaissent moins ici comme des personnages « existant ou ayant existé » que comme des marqueurs euphoriques, éléments constitutifs d'une isotopie dans laquelle s'inscrit naturellement l'évocation d'Henri IV. Celui-ci nous sera présenté (*cf.* strophes CCXLVIII-CCL) sous les traits du souverain pacificateur, soucieux de rétablir l'unité et la prospérité du pays après des années de troubles et de confusion politique.

3 Terme consacré pour désigner les œufs du vers à soie.

4 Le pays des Sères ou Sérinde (dont l'étymologie semble se rattacher à *si*, soie en chinois) désigne la Chine ou, plus précisément, la contrée de Chang'an (*Sera metropolis*, aujourd'hui Xi'an). Voir à ce propos M. Bonafous, *Le Ver à soie*, notes du premier chant, note 2, p. 105-106.

5 Les allusions historiques ou érudites des strophes XXIII, XXIV, XXIX et XXX, renvoient à des sources anciennes, signalées et commentées de façon beaucoup plus explicite par Olivier de Serres dans le *Theatre d'Agriculture :* « Si le Ver-à-Soie eust esté cogneu des Anciens autheurs d'Agriculture, l'on ne fait doute que la loüange de tant riche animal n'eust esté chantee par eux, ainsi qu'ils

ont fait celle des Mousches-à-miel : mais à tel défaut, il est demeuré sans nom plusieurs siecles. Virgile discourt comme en passant, de la riche toison que produisent les forêts d'Ethiopie et des Seres, sans faire mention de sa qualité ni du moien de la recueillir. Voici ses mots,

Quid nemora Æthiopum molli canentia lana ?
Velleráque ut foliis depectant tenuia Seres ?

Dont aucuns, comme Solin et Servius, ont estimé estre la Soie, et icelle proceder directement des arbres. Tel a esté le premier avis de la Soie donné en Italie, qui fut du regne de l'Empereur Octavien Auguste ; confirmé par Pline plus de septante ans aprés, (car il vivoit au temps de Vespasian.) Il y ajoustoit qu'en l'Isle de Coos, croissoient des Cypres, terebintes, fresnes et chesnes, des fueilles desquels arbres, cheutes à terre de maturité, par l'humidité d'icelle, naissoient des Vers produisant la Soie. Qu'en Assyrie le Ver-à-Soie, animal du genre des Insectes appellé des Grecs et Latins, *Bombyx*, fait son nid avec de la terre, qu'il attache contre les pierres, où il l'endurcit tres-fort, s'y conservant toute l'annee. Qu'à la mode des araignes, il fait des toiles. Dit aussi avec Aristote, Qu'en l'Isle de Coos Pamphila fille de Latoüs, a esté l'inventrice de filer et tistre la Soie. Par lesquels envelopés discours, accomparés à la pratique de ce temps, appert combien loin estoient les Anciens de la vraie cognoissance des Ver-à-Soie, n'aians sceu d'où ils procedent, ni dequoi ils sont nourris ; ainsi que par leur silence ils tesmoignent, se taisans, de leur graine, et des fueilles des Meuriers pour leur nourriture. Vopiscus tesmoigne, que du temps de l'Empereur Aurelian (deux cens ans après Vespasian et davantage) la Soie se vendoit au poids de l'or, pour laquelle cherté, mais principalement pour la modestie, ce Prince là, ne voulut jamais porter robe toute de Soie, ains meslangee avec autre matiere : bien que Heliogabale son devancier n'eust esté si retenu, comme dit Lampridius. Semblable modestie se remarque du Roi Henri second, n'aiant jamais voulu porter de bas de Soie, encores que de son temps l'usage en fut ja receu en France. Plusieurs autres en divers temps, ont aussi parlé de la Soie, comme Solin, Marcelin, et Servius qui nomme le Ver-à-Soie, *Zir*, d'où vient le mot Latin, *Sericum*, c'est à dire, Soie, selon le tesmoignage de Pausanias, en sa description de la Grece. Martial fait aussi mention de la Soie par ces vers,

Nec uaga tam tenui discursat aranea tela,
Tam leue nec bombyx pendulus urget opus.

Et de l'ouvrage des Ver-à-Soie, Properce dit,

Nec si qua Arabia lucet bombyce puella.

Ulpian Jurisconsulte antique, parle de la Soie au titre *De Auro et Argento legato, l. Vestis.* en ceste sorte : *Vestimentorum sunt omnia lanea, lineáque uel serica bombycina, etc.*

C'est chose receue de tous, que les habitans du païs de Seres ont les premiers manifesté la Soie, en aians tiré la semence de l'Isle Taprobane autrement, Sumatra, situee sous l'Equinoctial, esloignee d'eux de quarante six à quarante-huit degrés de latitude. Le païs de Seres, ainsi dit d'une ville de la province, est celui qu'on nomme aujourd'hui, Catay et Cambalu en l'Asie Orientale, joignant de l'Occident à la Scytie Asiatique, et du Midi à l'Inde ; dominé par le grand Cham de Tartarie. A la longue, ces choses vindrent en evidence par deux moines, qui de Sera, ville du païs de Catay, porterent la graine des Ver-à-Soie, à Justinian à Constantinople (le regne duquel Empereur, commencea l'an de Christ cinq cens vingt-six) d'où la science d'eslever ce bestail s'est esparce par toute l'Europe. Ainsi l'a escrit Procopius, apres plusieurs autres. » (*Theatre d'Agriculture et Mesnage des champs*, chapitre XV, cinquième lieu, « La cueillete de la Soie, par la nourriture des Vers qui la font »)

Eu égard à la date de publication de la première édition du *Theatre d'Agriculture*, achevé d'imprimer en juillet 1600, il n'est pas absolument certain que Béroalde ait pu se reporter à cette version du texte (voir notre introduction, p. 21). Or toutes les précisions que donne Olivier de Serres, les nombreuses références historiques et littéraires qu'on relève dans le passage cité ci-dessus ne figurent pas dans la *Cueillete de la Soye*, publié l'année précédente, et présenté par l'auteur lui-même comme un « échantillon » ou un « extrait » de la « générale agriculture » qu'on vient de mettre sous presse (voir *Cueillete, Epistre* dédicatoire, in appendices, II, p. 149). Béroalde aurait donc pu s'inspirer d'ouvrages anciens, comme le suggère la strophe XIV, ou plus vraisemblablement du *De rerum inventoribus*, de Polydore Virgile (III, 6), ou de son adaptation par François de Belleforest :

« Or quoy que je sois trop long en cest endroit, si n'oublieray-je point la soye, comme un vray apast de la bobance et superfluité des hommes et femmes de nostre siecle. Elle est de l'invention des Seres, peuple de Scythie, et d'où elle a apris le nom Latin, disant Pline en son sixiesme : Les Seres sont les premiers entre les hommes, qui sont renommez à cause qu'ils recueillent la soye en leurs boys, et forests, lors que lavans et arrousans la mousse qu'ils peignent de leurs arbres, ils font en un coup ce que nos femmes ont double travail à faire, à sçavoir d'ourdir les filets, et puis les tordre et mettre sur le mestier, et ainsi de si lointain païs, et d'un monde tant separé de nous il faut aller querir la parure, et ornement de nos dames. Virgile parlant aussi de la soye dit :

Comme des verds fueillards une molle toison
Les Seres vont peignant en temps et en saison.

De ces parolles du poëte plusieurs tirent en consequence, et concluent que la soye n'est point filee par les vers, ainsi qu'on la voit estre faite par deça, mais qu'elle naist sans labeur d'homme sur les fueilles, et branchages des arbres ; à quoy consent Solin lors qu'il escrit, que les Seres arrousant doucement les rameaux des arbres ils en peignent et tirent la soye, domptans avec l'humeur la subtilité de ceste liqueur, et laine si fine et desliee. Mais Servie sur Virgile declaire cecy autant doctement, comme elegamment, monstrant qu'en d'autres lieux qu'en Scythie, il y a des arbres qui portent la soye, disant Virgile aux Georgiques 2.

Pourquoy te parleray des boys Ethiopiens
D'une laine chenus prisee par les tiens ?

Car Servie dit que les Seres, et Indiens ont de certains vers en leurs boys, lesquels comme font les araignees, filent de la laine tres-subtile, de laquelle ont fait la soye : à ceste sentence donne vigueur Pline livre II, quand il parle du ver de la soye, disant ainsi : en l'isle de Coos on dit que naissent des Cyprés, Terebinthes, Fresnes, et Chesnes, desquels sont animez ces vers et renaissent de la fleur cheute des arbres, par la force de la vapeur humide de la terre. Premierement ils sont comme papillons petits, et tous nuds, et soudain deviennent velus ne pouvans souffrir l'aspreté de la froidure, et se font une espaisse robe, et couverture contre l'hiver, rasclans la laine, et poil des fueilles où ils sont, avec leurs pieds rudes, et aspres, et de cela en faisans une certaine subtile toison : Puis l'assemblent, et demeinent avec leurs ongles, et la tirent par les rameaux, et est subtiliée comme avec le peigne, et s'y enveloppent et s'en servent pour nid et maison qu'ils tirent et

XXXI.

Petits œufs attendez que vos peres et meres,
Ayent passé leur temps, et puis nous vous prendrons,
Des premiers nous dirons les affaires premieres,
Et puis en vous prenans nous recommencerons.

[Aiij]

[5 v°]

XXXII.

C'est un cercle eternel que la Filosofie
De ces grands Vermisseaux sans finir finissans :
De ces Vers qui n'ont pas le tiers d'un an de vie
Et peuvent toutesfois revivre tous les ans[1].

XXXIII.

Beaux esprits qui vivez de vos bons artifices,
Oyant parler des Vers ne les mesprisez pas,

---

roüent où bon leur semble. Ceux cy donc ne font aucune difference des robes faites du travail de ces vers, ny de celles qui viennent du païs des Seres : et lesquelles Pamphile fille de Platis enseigna de filer et tistre en l'isle de Coos ainsi que dit Aristote au livre des Animaux, et Pline au lieu susdit et allegué. Or l'usage de la soye est venu fort tard en Italie, et deça la mer et a esté fort estimé, et prisé : Car comme dit Vopisque, du temps de l'Emp. Aurelian, lequel regnoit environ l'an de nostre salut 274. la livre de soye se vendoit une livre d'or, et pour ceste cause ce Prince tresmodeste ne voulut jamais porter une robe toute de soye de laquelle peu au paravant le plus corrompu et luxurieux homme du monde, à sçavoir Heliogabale avoit usé, tesmoing Lampridie : veu qu'en ce temps on portoit seulement des habits faits de tissu de soye tramé avec autre matiere, ainsi qu'à present nous voyons estre le satin de Bruges qu'on fait en Flandres. Apres cela environ l'an de grace 555. on commença à faire quantité de soyes par toute l'Europe, lors que deux moynes (comme dit Procope) aporterent de Berinde [*sic*] ville Indienne à l'Empereur Justinan à Constantinople les œufs et semence de ces vers file-soye. » (*Les Memoires et Histoire de l'origine, invention et autheurs des choses. Faicte en Latin et divisee en huict livres, par Polydore Vergile natif d'Urbin et traduicte par Francoys de Belle-Forest Comingeois*, Paris, Robert le Mangnier, 1576, p. 293-296)

On relève déjà chez Corsuccio (voir plus haut, note 1, p. 40) les références à Vopiscus, Lampridius, Solin, Martial et Virgile, ce qui semble indiquer l'existence d'une source commune. Voir également Tomaso Garzoni : *Piazza universale* (*cf. supra*, introduction, p. 24, note 1).

1 Strophe XXXII : *cf.* Vida, I, 43 *sqq*.

Avec peu de travail, et beaucoup de delices
Vous ferez grand profit et prendrez vos esbats.

XXXIIII.

Ne laissez plus errer ces petites especes,
Assemblez les chez vous faites en des troupeaux,
Suivez diligemment leurs besongnes diverses,
Et vous trouverez grands ces petits animaux.

XXXV.

Voyez le meilleur fil de ces petites bestes,
Il represente l'or que l'on en tirera,
Si vous les traittez bien vous les trouverez prestes
De donner cent fois plus qu'on ne leur baillera.

XXXVI.

Pauvres petits mignons je voudrois bien vous pleindre,
Car vous ne vistes onc ny peres ny enfans,
Vostre vie ne peut à leur vie se joindre,
Car les fins sont par trop loing des commencemens :

XXXVII.

Vivez beaux bestions, et faictes vostre office,
Travaillez sans cesser c'est vostre ambition,
Et vous qui les servez pour en tirer service,
Gardez l'ordre et le temps en leur proportion.

XXXVIII.

Donnerons nous des loix à ceste Colonie ?
Non, nous suyvrons l'estat qui luy est coustumier ;
Comme on les a veu vivre, on aprend de leur vie,
Ainsi qu'il faut chez nous ores les manier.

[6]

XXXIX.

Ce seront des Palais que les chambres parées,
Où l'on gouvernera ces petits animaux,
Soyent donques leurs maisons, amples, nettes, ærées,
Non sujettes au vent, au froid, au chaud, aux eaux[1].

XL.

Les murailles autour soyent poliment blanchies,
Et les pertuis bouchez pour fuir les hazards,
Car souvent de ces Vers les vies sont ravies,
Par Passereaux, par Ratz, Grillons, Souris, Laizards :

XLI.

Que les fenestres soyent si proprement grillées,
Qu'elles s'ouvrent au jour et ferment aux oiseaux,
Vos trouppes autrement seroient souvent pillées,
L'Arondelle et la Poule ayment ces Vermiceaux[2].

XLII.

Qu'il y ait plusieurs ais estage sur estage,
Si dextrement posez que l'on s'y puisse ayder,
Ilz y seront pensez, ils y feront l'ouvrage,
Pourveu que vous sachiez les bien accommoder[3].

---

1 *Cf.* O. de Serres, *Cueillete*, p. 41 *sqq*.

2 Toutes ces instructions se trouvent déjà dans la *Maison rustique* de Charles Estienne et Jean Liébault (*cf. supra*, introduction, p. 22, note 2) : « Faut aussi qu'il y ayt des rets et filets devant les fenestres, à fin que les chassis estans ouverts, les passereaux, arondelles, et autres oyseaux nuisibles n'y entrent pour se paistre sur ces vers : ne faut y laisser entrer ny coq, ny poule : car ils s'y saouleroient de telle sorte qu'ils seroient pour en crever. Le pavé doit estre bien net, les murailles sans trous et crevaces, par lesquelles les grillons, lezards, rats et autres vermines puissent entrer, qui de nuict ou de jour pourroyent tuer ces animaux. » (chap. LXXXVI, « L'assiette du lieu pour loger les vers à soye », f° 276 v°-277 r°) *Cf.* également O. de Serres, *Cueillete*, p. 44 et 86.

3 Strophes XXXIX-XLII : *cf.* Vida, I, 97 *sqq*.

XLIII.

Sur tout recognoissez que ce bestion mange
La feuille delicate, avec un grand plaisir,
Aussi est il besoin que souvent on luy change
Et que des bons Meuriers on luy aille choisir.

XLIIII.

Envoyez par les bois où le Meurier s'esleve
Et faittes arracher la feuille du rameau,
Pource que cette feuille à peine se conserve
Il vous faut tous les jours du feuillage nouveau :

XLV.

Mais n'y envoyez pas ces tendres pucellettes
Dont la douce beauté pourroit s'endomager,
Faictes courre et brosser ces vieilles contrefaites
Fortes pour travailler, sages pour menager.

[Aiiij]

[6 v°]

XLVI.

Attendez que Fœbus ait chassé la rosée,
Que la feuille soit seche avant que l'arracher,
Et si la pluye estoit longuement renforcée,
Ne laissez pour cela* de la faire empocher :

XLVII.

Vous qui avez le soin des belles compagnies
De ces bons animaux, pensez y sans cesser,
Vos peines en bref temps se trouvans accomplies,
Vous trouverez assez pour vous recompenser.

XLVIII.

Mais ne leur donnez pas la feuille tost cueuillie,
Il la faut mitonner jusques au lendemain,
Et qu'aussi cette là qu'on prend durant la pluye,
Soit sechée à propos par la soigneuse main[1].

XLIX.

La feuille se grossit quand elle est mitonnée,
De pareille il vous faut ces animaux soûller,
Multipliez aussi leur viande ordonnée
Lors que vous les verrez estre prests de filler.

L.

Il se faut bien garder en essuyant la feuille
Ou la monstrant au feu, defleurer sa verdeur,
Cestuy-là qui le faict est comme cil qui cueuille
Le fruict et l'escachant en efface l'honneur :

LI.

Quand vous tiendrez la feuille ainsi propre et friande,
Vous la presenterez à vostre Vermiceau,
Et puis vous le verrez charger de bande en bande
Laissant son viel repas dessus ce mez nouveau ;

LII.

Devant que leur donner la nouvelle pasture,
Vous devez gayement autour d'eux ballier,
Ils ne peuvent long temps endurer leur ordure,
Partant faut avoir soin de les bien nettoyer.

[7]

1 *Cf.* O. de Serres, *Cueillete*, p. 32.

LIII.

Ne leur espargnez point leur douce nourriture,
De leur bon appetit soyez fort curieux ;
D'un petit de vin blanc estammez leur pasture,
L'appetit leur viendra leur soye en vaudra mieux :

LIIII.

Distribuez l'estat des personnes qui servent,
L'une par son soucy nettement les tiendra,
Et entre plusieurs mains qui les feuilles observent,*
L'une en espluchera et l'autre en donnera.

LV.

Je voudrois bien icy que les modestes filles
Leur offrissent la feuille en appasts gracieux,
Qu'irritant[1] l'appetit de ces douces chenilles,
Les fissent appeter ce metz delicieux :

LVI.

Lors que vous les aurez doucement conviées,
L'armée peu à peu vers les feuilles tendra,
Vous les verrez ainsi qu'à ces feuilles colées,
Car mangeant d'apetit l'apetit leur viendra.

LVII.

Considerans ces Vers rampans sur la pasture,
Vous en orrez sortir un son delicieux,
Ce paisible animal broutant cette verdure
Imite en son jargon l'harmonie des Cieux ;

1 Elision euphonique du relatif ; il faut comprendre : « Qui, irritant... »

LVIII.

Quand les vens s'accordans aux accords des planettes,
Font des essais d'accord dans les ærs raportez
On oit un son pareil que font ces bestelettes,
Quand leurs troupeaux se sont sur les feuilles jettez.

LIX.

N'oüites vous jamais en vos chambres fermées
Le doux ær qui se faict ès feuillures des huis ?
Ces raisonnances sont tout de mesme formées,
Et semblent eschapper de semblables conduits.

[7 v°]

LX.

Mais regardez un peu comme la feuille ils rongent,
Comme subitement de grands trous ilz y font,
Gardez que leurs repas long temps ne se prolongent,
Ils se souleroyent trop comme gourmans qu'ils sont :

LXI.

Soyez trois fois le jour prests pour leur nourriture,
Et sachez à propos leur pasture renger,
Ilz ont un vice seul que leur donne nature,
C'est qu'ils craignent avoir disette de manger[1].

LXII.

Ainsi que le serpent de sa peau se desnue
Pour possible en jeunesse une fois revenir,
Ce petit serpenteau de sa nature mue,
Et semble revenir pour encor rajeunir*.

---

1 Strophes XLIII-LXI : *cf.* Vida, I, 151 *sqq.*

LXIII.

Par trois ou quatre fois sa dépouille se monstre,
Et l'on y recognoist mesmes les petits pieds,
Et quand après neuf jours ce temps là se rencontre,
On les void degouttez chagrins et ennuyez ;

LXIIII.

Sur leur nez apparoist une grande peau laschée,
Deux jours* durant lesquels ils fuyent le manger,
Lors ne faut les oster de la feuille sechée
Car elle attire à soy la peau qu'il faut changer[1] :

LXV.

Apportez puis après la viande ordonnée,
Car le Ver revenu nuict et jour mangera :
Mais sur tout qu'elle soit seche et assaisonnée,
Car s'il mange mouillé crever on le verra.

LXVI.

Avisez bien aussi d'ordonner la viande
La donnant peu à peu pour le gratifier,
Car autrement pourroit cette race gourmande
S'en tuer aussi tost que s'en rassasier.

[8]

LXVII.

Toutesfois regardez que la faim ne l'oppresse,
Et ne soyez long temps sans le faire disner,
Car si tant soit peu trop son appetit le presse,
Vous verrez votre Ver languir et desfruner :

1 Strophes LXII-LXIV : *cf.* Vida, I, 320 *sqq.* et O. de Serres, *Cueillete*, p. 72.

LXVIII.

S'il endure la faim, il change d'habitude,
Il perd son embompoint*, il se faict triste et laid,
Sa douceur apparente en devint aspre et rude,
Il est lasche, dolent, honteux et contrefaict.

LXIX.

Pensez donc bien vos Vers, vous qui avez la cure*
De les alimenter et les soignez de près,
On rencontre du guain suyvant cette avanture
Faisant non par aquit son devoir mais exprès.

LXX.

S'il avenoit* un jour par mauvaise fortune
Que le Meurier ombreux vient à vous defaillir,
Pource que l'Orme et luy ont nature commune,
Des sommitez d'Ormeau vous faudroit recueuillir[1].

LXXI.

Enteurs qui remarquez les saisons oportunes,
Conjoignez les Meuriers aux tiges des Ormeaux,
Et si vous les entez en favorables lunes
Vous aurez deux couleurs en vos Meuriers nouveaux.

LXXII.

Entez sur le peuplier ainsi qu'a fait d'Amboise[2]

---

1 *Cf.* Ch. Estienne et J. Liébault, *La Maison rustique*, chap. LXXXVII, « Le gouvernement des vers à soye », f° 277 r°, et O. de Serres, *Cueillete*, p. 57-58.

2 Il s'agit sans doute de l'un des fils du chirurgien Jean d'Amboise : Jacques (mort en 1606), auteur de *Questions médicales*, ou, beaucoup plus probablement, comme le suggère l'allusion aux talents littéraires du personnage, François (1550-1620). Avocat réputé, magistrat et conseiller d'état en 1604, ce « fameux maistre des Requestes » (Colletet, voir plus haut, note 1, p. 39) est l'auteur de diverses pièces de circonstance (*Elegie sur le trepas d'Anne, duc de Montmorancy* ; *Hymne*

Cet ulisse[1] en conseil, entier vers ses amis,
Qui s'entend à la Muse, et Romaine et Gregeoise,
Et m'a fait souvenir de ce moyen obmis.

LXXIII.

Encor faut il soigner d'entretenir la vie
De ces doux animaux, et sur tout pour manger,
La laitue, la ronce, et la feuille d'ortie
Sont un verd que le Ver prend plaisir à ronger[2].

[8 v°]

LXXIIII.

Voylà pour le nourrir : mais ce n'est pas encore
Tout ce qui est requis pour sa prosperité,
Souvent il vient un mal qui le Ver decolore,
Il faut en le voyant penser à sa santé.

LXXV.

C'est grand pitié de voir ces ames innocentes
Dont la vie est si peu sujettes à grands maux,
Qu'en elles il y ait des parties dolentes
Qui destournent l'effait de leurs riches travaux.

LXXVI.

Cet animal sans coulpe est si douillet et tendre,
Que l'ær qui est malin offense sa santé,

---

triumphal au Roy sur la victoire nouvellement conquise sur les rebelles et conjurez, 1568 ; *Au Roy sur son entrée, son mariage et sa chasse, théralogue ou éclogue forêtière*, 1571, etc.) et, sous le nom de « Thierry de Thimophile, gentilhomme picard », des *Dialogues et devis des damoiselles* (1581) et de la comédie des *Neapolitaines* (1584). On lui doit également des traductions (notamment les *Regrets facetieux et plaisantes harengues funèbres sur la mort de divers animaux* d'après Ortensio Lando, 1583) et une édition des œuvres d'Abélard. On n'a pas d'autres précisions sur les compétences de François d'Amboise en matière d'arboriculture.

1 Antonomase : homme avisé, plein de ressources.

2 Strophes LXX-LXXIII : *cf.* Vida, I, 209 *sqq.*

Et la feuille mauvaise où sa fain le fait prendre,
Cause en son petit corps trop d'incommodité.

LXXVII.

Et qui pis est encor, la pauvre bestiole*
Meurt de contagion qui des autres luy vient,
Et ce malheur rampant en peu de temps desole
Ce que ce menu peuple en son nombre contient :

LXXVIII.

La mort entrant par tout, ces Vermiceaux efface
Et les void on couchez roides morts sur leurs lits,
Lors on perd son labeur et l'esperance passe
Et faute de soucy on perd des grands profits :

LXXIX.

Si tel malheur menace usez de providence,
Mettez les seins à part, ils s'en resjoüyront,
Et alors pour avoir changé de demeurance,
Vous scaurez à les* voir qu'ils en profiteront.

LXXX.

Mettez les en un ær de douce consistence,
Que la bise et le froid ne parvienne à leurs ais,
Faittes que leur logis soit un lieu de plaisance,
Où la mauvaise humeur ne s'esleve jamais.

[9]

LXXXI.

Si le Soleil est beau, cette honneste Vermine
S'esjouira du jour doucement temperé
Mais gardés que Phœbus vivement ne domine
Et que l'ær tant soit peu n'en soit trop alteré.

LXXXII.

Si d'avanture l'ær à cause des nuées
Estoit un peu trop froid, allumés leur du feu,
Si qu'auprès de leurs lits les douces alenées
De ce feu moderé les chauffent peu à peu :

LXXXIII.

Preservés les d'ennuy et prennés de près garde
Au flux de ventre aussi dequoy plusieurs sont morts,
Les chauffans evitez la fumée qui darde
La cuisson à leurs yeux et la mort à leurs corps.

LXXXIIII.

Quand vous voudrez de nuict voir ceste compagnie,
Ne bruslez pas cette huyle à Pallas dedié[1],
Une goutte osteroit à mille Vers la vie,
Entre l'huyle et nos Vers n'y a point d'amitié[2].

1 Huile d'olive : l'olivier est, dans l'antiquité grecque, l'arbre consacré à Pallas-Athéna. *Cf.* Polydore Virgile, *De rerum inventoribus*, III, 3 : « Minerve fut celle qui inventa l'olive à Athenes : et pource dit Virgile.

Pallas, qui de l'olive a esté l'inventrice.

Et voicy en quelle sorte : Lors que Neptune et Minerve estoient en debat qui seroit celuy d'entre eux qui donneroit son nom à la cité d'Athenes, il fut arresté entre les dieux, que celuy en auroit le loz qui feroit le plus beau present aux hommes. Neptune ayant frappé de son trident le bord de la marine, produit un cheval, beste propre pour le fait de la guerre. Minerve gettant sa lance, crea l'olive, qui fut jugee la meilleure, à cause que c'est une marque, et enseigne de paix. Mais Diodore ne dit point que Pallas produisit l'olive, mais bien qu'elle l'enseigna aux hommes, ausquels elle estoit incognëue parmi les autres arbres. Car (comme nous dirons cy apres) cest arbre estoit meslee parmy les sauvages avant que ceste dame naquist, mais on n'avoit point l'usage de l'huile, comme dit Diodore : et ainsi on trouva ceste façon d'espraindre l'huile des olives. » (trad. Belleforest, p. 271-272)

2 Ce conseil se trouve notamment chez O. de Serres (*Cueillete*, p. 87) et Levantio da Guidiciolo (*cf. supra*, introduction, p. 23, note 5) : « Non meno si debbovo avertir le serventi, che quando vanno al tempo della notte intorno al tavolato, che portino con tale avertenza le lucerne, ove dentro è oglio, che no lo versino sopra essi Bombici : perche è mortalissimo veleno ad essi. » (f° 10 v°) Chez Vida, la prescription est assortie d'une explication renvoyant à la mythologie et fondée sur la rivalité opposant Minerve à Vénus (II, 91-99).

LXXXV.

Toute liqueur mauvaise à ces Vers est fascheuse,
Mesme le mauvais sel leur est poison soudain,
S'ils y goustent un peu leur peau se fait hideuse,
Monstrant par sa jaunisse un corps infect et vain.

LXXXVI*.

Ces petits animaux craignent l'odeur puante,
Et si[1] prennent plaisir aux mignonnes odeurs,
Partant faut observer que quiconque les hante,
Laisse ce qui est fort et use de douceurs.

LXXXVII.

L'ail et les simples forts demeurans en essence[2],
Leur donnent de l'odeur dont ils sont resjoüys,
Mais quand ils sont mangez ils font telle nuisance,
Que les Vers en seroyent soudain évanouys.

[B]

[9 v°]

LXXXVIII.

Encor faut il* prouvoir que leur douce demeure
Soit en lieu destourné de tempeste et de bruit,
Non ce n'est pas assez qu'elle soit tiede et seure,
Car tout bruit survenant les contriste et leur nuit ;

LXXXIX.

Aussi sont ils sujets à la crainte subite,
Ils hayent la trompette et les tabours tonnans,

1 Adverbe à valeur adversative, qui souligne la relation d'opposition entre les deux propositions.

2 Tant qu'il ne s'agit que des effluves que dégagent ces plantes. *Cf.* O. de Serres, *Cueillete*, p. 84.

Mesme le plus souvent leur petit cœur s'irrite
Quand ils oyent le bruit des enfans se joüans.

XC.

Souvent un son esmeu d'une cause fascheuse
Et l'esclair* font mourir ces pauvres innocens,
Du tonnerre souvent la voix impetueuse,
Emporte de ces Vers l'ame avecques les vens.

XCI.

J'ay veu que par mesgarde on trainoit une selle
Tout à l'entour des ais afin de les penser,
Ces pauvrets au tourment que faisoit l'escabelle,
Accablés de ce bruit je voyois trespasser[1].

XCII.

Il faut pour preserver de ces dangers leur vie,
D'un petit ton mignard leur recreer* le cœur,
Ils prennent grand plaisir à la douce harmonie
Que rendroit auprès d'eux un delicat sonneur.

XCIII.

Aussi ont ils à gré qu'on parfume leurs tables
De la mignonne odeur d'un Bacchus delicat[2],
Si on les fait oüir des accens delectables
On void à leurs façons qu'ils y prennent esbat.

XCIIII.

Si vous voulez scavoir par vraye experience
Comment on peut ayder leur nature par art,

---

1 Strophes LXXXII-XCI : *cf.* Vida, II, 91 *sqq*.

2 Antonomase : *Bacchus* est mis pour *vin*

Pour donner à ces Vers quelque resjoüissance,
Faittes près d'eux fumer de l'encens et du lard[1].

[10]

XCV.

Ce petit animal aisement s'espouvente,
Il craint extrémement de trébucher en bas,
S'il se laisse tomber l'ame triste et dolente,
Laisse couler son corps jusques à son trespas.

XCVI.

Pour autant que tombant delicat il s'eschine,
Et par ainsi ne peut monter ny devaler,
Ou il se rompt les pieds, ce qui le détermine
Pource qu'il ne peut plus profiter ny filer.

XCVII.

Si quand les Vers sont cheuts la mort ne les efface,
Ils ne laissent pourtant d'estre pires que morts,
Car ils perdent courage, et quoy que l'on leur face
On ne peut rien tirer de parfaict de leurs corps.

XCVIII.

S'il avient qu'un blessé quelques-fois on ramasse,
Ce sera pour neant il ne peut plus durer,
Les autres il verra sans bouger de sa place
Et ne fera pensif que les considerer.

XCIX.

Il vault mieux le jetter que le regret le tuë,
Ou qu'il gaste le reste en mourant dedaigneux,

---

1 Strophes XCXIII-XCXIV : *cf.* Ch. Estienne et J. Liébault, *La maison rustique*, chap. LXXXVII, f° 277 v°-278 r°, et O. de Serres, *Cueillete*, p. 78, 83 et 84.

Toutesfois si l'on void qu'encor il s'esvertue,
Il le faut separer tant qu'il se porte mieux.

C.

Or ce doux animal prend un plaisir extréme
A recreer son corps du sommeil ocieux,
Et s'y delecte tant que s'oubliant soy-mesme,
Il couve le dormir trois jours dedans ses yeux.

CI.

Lors au troisiesme jour qu'il releve sa veuë,
Il recognoist son ær et revient tout joyeux,
Et puis allant brouter la viande cognuë,
Ayant fort bien repeu repaist encor mieux*.

[Bij]

[10 v°]

CII.

Considerez de près : car s'il se rassasie,
Outre son appetit, certe il se gastera,
Quand il a trop mangé il faut qu'on le chastie
Le separant du lieu où le vivre sera.

CIII.

Par fois il mange tant que presques il en creve,
Ce qui sans le repos tristement surviendroit,
Le faut laisser dormir mais faut que l'on observe,
Ne l'esveiller en peur, car cela l'estindroit.

CIIII.

Les Vers rassasiés le font assez paroistre,
Mesprisant le manger ils ont la teste en haut,

Regardez les disner affin de recognoistre
Entre les repaissants ceux ausquels il en faut[1].

CV.

Remarqués ceux qui sont paresseux à la table,
Considerés ceux-là qui seront sommeillans,
Pource qu'ils ne suyvront une action semblable,
Vous separerés ceux que trouverés veillans.

CVI.

Tous les Vers qui ont pris en mesme temps naissance,
Ainsi que d'un sommeil[2] ensemble ils dormiront,
Par cela vous scaurés y mettre difference
Pour les accommoder comme ils meriteront.

CVII.

Voici venir le temps que leur ame mesprise
De repos et repas la delectation,
Elle est d'un autre soin estroittement esprise,
Pour changer de labeur et de condition.

CVIII.

Ils ne desirent plus en bestes inutiles
Consumer paresseux de leurs hostes les biens,
Ils veulent qu'ès rameaux comme en branches fertiles
Leurs fruits soyent attachés de cent mille liens[3].

[11]

CIX.

Lors que le Ver est prest de devider sa soye,
On le void à son chef où sa couleur reluit,

1 C'est-à-dire ceux qui manquent de nourriture.

2 Il faut comprendre : ils dormiront d'un même sommeil. *Cf.* O. de Serres, *Cueillete*, p. 65.

3 Strophes CVII-CVIII : *cf.* Vida, I, 336 *sqq.*

Il desire monter[1] et son corps qui ondoye
Monstre qu'il est tout prest de produire son fruit.

CX.

Hastés vous mesnagers, et de branches steriles
Sur vos ais façonnés des capables forests,
Ils s'y veulent percher ils y grimpent habiles,
Jà d'un peuple des Vers sont couverts les genests.

CXI.

Et s'il vous plaist leur faire une forest meilleure
Plantés y sans planter[2] l'odorant rosmarin,
C'est l'arbre plus certain, toutes-fois on m'asseure
L'espoissi navussier[3] faire meilleure fin.

---

1 Terme technique : le ver cherche à se fixer à des branchages pour filer son cocon.

2 Le sens de l'expression est obscur : l'auteur veut-il préciser que les rameaux sont simplement dressés sur les *ais*, qu'il s'agit d'un simulacre de plantation, les arbustes utilisés ayant été débarrassés de leurs racines ? *Cf.* O. de Serres, *Cueillete*, p. 88 et 89 : « Aprés avoir nettoié le pied des rameaux, afin de tant moins occuper de place, on les arrangera droictement, comme rangs de colomnes equidistans d'un pied et quart, peu plus ou moins, traversans les tables. Le pied du rameau joindra à la table en bas, et la cime, pour le rencontre de la table superieure et sa longueur, se recourbera és costez, dont se façonneront des arceaux. »

3 Mot douteux, qui ne semble désigner aucune des plantes arborescentes indiquées par les autres auteurs (*cf. Cueillete*, *ibid.* : « ... ferez preparer les rameaux necessaires à la montee des Vers [...] Les plus propres sont le rosmarin, le brusc [*bruyère*], les sarmens de vigne, le genest, les jettons de chastanier, de chesne, d'osier, de saule, d'orme, de fresne, et en somme de tout autre arbre et arbrisseau flexible, n'aiant mauvaise senteur. [...] Le vuide de l'entre-deux des arceaux, joignant la table d'enhaut, est rempli de jettons de lavande, d'aspic, de thym et semblables arbustes odorans... ») Il s'agit peut-être du sénevé – *sinapis nigra L.* –, la moutarde noire encore appelée *navuce rouge*, ou d'une plante de la même famille (voir E.-A. Duchesne, *Répertoire des plantes utiles et des plantes vénéneuses du globe,* Paris, Renouard, 1836, p. 189). Dans certaines régions de l'Ouest et du Centre, on désignait encore au siècle dernier diverses espèces de cruciféracées, navette ou ravenelle, par des termes comme *navusse* ou *navuche* (voir à ce sujet Eugène Rolland, *Flore populaire ou histoire naturelle des plantes dans leurs rapports avec la linguistique et le folklore*, Paris, Rolland, 1896-1914, vol. 2, p. 56, 78 et 129).

CXII.

Considerés un peu la sage providence,
Et comme leur ordure ils vuident en un jour,
C'est icy que se* void de leur art l'excellence
Pour la proprieté de leur dernier sejour.

CXIII.

S'ils ont peine à monter que vostre main polie
Les ayde doucement ils en seront plus guais,
Puis vous les verrez tous d'une sage industrie
Faire cent mille tours sur les tours desjà faits.

CXIIII.

Ils ne reviennent plus à leur chere viande,
Ils n'ont plus de sommeil ny de premier desir,
Le soin qui les incite à leur ame commande
De faire de leurs fils leur prison de plaisir.

CXV.

Douce heureuse prison belle prison de soye,
Fussé-je prisonnier en si belle prison,
Et si le desirant mon ame se fourvoye,
Ma Belle en soit le fil, l'Amour la liaison.

[Biij]

[11 v°]

CXVI.

Le soin continuel de cette fillerie
Tant grand est leur plaisir, les fait tout oublier,
Je pense que l'espoir d'une nouvelle vie,
Les transportants heureux les fait tant travailler.

CXVII.

Ils sont tant incités d'une parfaicte gloire
Qu'ils sont à leur labeurs* liez incessamment,
Tout ce qui fut jadix mignon à leur memoire,
Comme n'ayant esté passe legerement.

CXVIII.

Mortels qui relevés vers le ciel les visages,
Si vous ne croyez point la resurrection,
Venés ouyr icy dans leur muet langage,
De vos coupables cœurs la condemnation.

CXIX.

Or ces Vers ralongés sont froids comme la glace,
Ils sont longs comme un doigt de l'un à l'autre bout,
Ils ont huict pieds derriere et six devers la face,
Leur queüe en contre poids, car ils dorment debout.

CXX.

Leurs six pieds de devant sont leurs mains mesnageres,
Dont ils vont enlaceant leur voute haut et bas :
Vous les verriés noüer leurs filandres legeres
Comme s'ils ordonnoyent leurs lambris par compas.

CXXI.

Arrestés vous un peu, vous verrés qu'ils travaillent
Avec beaucoup de soin à la voute d'en haut,
Et puis se culbutans de l'affaire ils se baillent
Pour en faire une en-bas comme un double eschafaut.

CXXII.

Sans cesse se mouvans en peine assiduelle,
Ils vont noüans leurs fils pour faire leurs parois,

Tant qu'ayans assemblé ficelle sur ficelle,
Ils soyent envelopés de l'œuvre de leurs dois.

[12]

CXXIII.

Mais n'avez vous point veu comme ces Vers s'enlacent,
Comme on les pouvoit voir leurs fils encores clairs ?
Et comme peu à peu tant de soyes se passent
Que l'on n'y cognoist plus le passage des ærs ?

CXXIIII.

C'est grand cas de l'honneur, mesme en ces bestioles
Car telle meurt voulant les autres devancer,
Et se precipitant après ces œuvres moles,
Fille et se fait mourir par trop fort s'eslancer.

CXXV.

En fin leurs fruits cheris comme prunes pendantes
Brillent de tous costés formés comme des œufs,
Et leur soye estouffant leurs ames innocentes,
Les prepare à reprendre un corps plus glorieux.

CXXVI.

Belles ames allés où vos destins reçoivent
Les genereux esprits de vostre qualité,
Je scay que les destins un autre corps vous doivent,
Pour le loyer heureux de vostre honnesteté.

CXXVII.

Petits oiseaux futurs voyans la diligence
Dont nous accommodons* vostre commodité,
Alors que vous prendrés des anges la semblance,
Portés nous quant et vous à l'immortalité.

CXXVIII.

Desja ces grands forests de leurs fruits s'obscurcissent*,
Le profit desiré y pend abondamment,
Sus filles hastés vous, que ces Vers ne perissent,
C'est ores qu'il vous faut travailler promptement.

CXXIX.

Leur son ne s'entend plus, leur chanson est finie,
Avecques leur labeur, ils sont tous coys et las,
Dans la premiere mort est esteinte leur vie,
Mais ce n'est pas aussi de l'extréme trespas.

[Biiij]

[12 v°]

CXXX.

Ceux qui ont découvert ce secret de nature,
Ont demeslé ces fruits pour les examiner,
Un Ver ne vivra pas neuf jours sans nourriture,
Bien que sa chaleur peut son corps mort animer.

CXXXI.

On a veu le Ver mort et son corps presque en cendre*,
Meslé d'un peu d'humeur s'eschaufer dans sa noix,
Et puis avec le temps autre figure prendre
Et recevoir une ame encor une* autre fois :

CXXXII.

Ainsi que le Phœnix ennuyé de vieillesse
Fait dissoudre son corps pour revoir nouveaux ans.
Aussi ce petit Ver dans son grand œuf se dresse,
Une premiere mort pour vivre plus long temps.

CXXXIII.

Estrange effait du Ciel et de la providence,
Qui tienent un esprit dedans un mort confus,
Le Ver et le Fenix sont dissoudz de substance
Et semblent terminer pour ne revivre plus.

CXXXIIII.

Mais cet esprit qui fait tant de Metamorphoses
D'un Ver, une chenille, un poisson, un oiseau,
Retient son feu caché dans leurs figures clauses
Dont du mort il extrait* un animal nouveau.

CXXXV.

Ce bien-heureux esprit qui guide mes pensées,
M'arreste sur l'effait de tant de changemens,
Et me fait concevoir de ces formes passées
Pour un plus grand effait les divers mouvemens ;

CXXXVI.

Mais oserois-je ici par quelque allegorie
Me dilater le cœur sur le sujet divin ?
Et en considerant nostre source de vie,
Voir comme en s'abaissant DIEU vainquit le Malin ?

[13]

CXXXVII.

Admirant la grandeur de la toute puissance
Sur ce petit sujet le tresgrand je conçoy :
Et comme ce grand Dieu, Dieu de toute substance,
Tout grand infiniment s'est fait petit pour moy.

CXXXVIII.

Ces meditations avec l'humble priere,
Feront que nos labeurs benits multipliront ;

Et de nostre Soleil ayant la grace entiere,
Ces dessins sur les cieux nos cœurs emporteront.

CXXXIX.

Ce Ver me fait penser au Ver qui rien ne monte,
Du monde reputé le point de deshonneur[1],
A ce Ver sans pouvoir, qui toutesfois surmonte
Tout ce qu'on peut penser, de force et de grandeur :

CXL.

C'est le Ver qui picquant de la mort la puissance,
Pour nous faire immortels a fait mourir la Mort[2],
Qui couvrant sa grandeur d'une vile apparence,
Quand on le pensoit faible a paru le plus fort.

CXLI.

Les mondains l'estimoyent moins qu'une orde chenille,
Comme de nos pechés paroissant tout infait,
Mais à ceux ausquels l'œil sa clemence dessille,
Il paroist l'excellent, l'accomply le parfait.

---

1 Le sens de ces vers, qui introduisent un laborieux parallèle rhétorique entre le cycle des vers à soie et le sacrifice du Christ, est loin d'être clair. L'auteur joue sur les diverses acceptions du verbe *monter* (voir plus haut, note 1, p. 70). On peut comprendre que le Christ ne se préoccupe pas de construire ou d'entreprendre, ce qui le discrédite aux yeux des mondains. L'emploi métaphorique de *ver*, sur quoi se fonde la diaphore, renvoie à un *topos* biblique : *cf.* Isaïe, 41:14, Job, 25:6 et surtout le Psaume 22:7 : « Ego autem sum uermis et non homo obprobrium hominum et abiectio plebis. » L'assimilation symbolique du Christ à un ver semble remonter aux premiers âges de l'Eglise : « Le pape Gélase Ier (492-496) écrivit que le Christ était un ver puisqu'il ressuscita (*Vermis quia resurrexit*). » (Jean-Loïc Le Quellec, *Petit Dictionnaire de zoologie mythique*, Paris, Editions Entente, 1996, p. 270) A ce propos, on cite plus généralement Isidore de Séville : « Multis etiam modis Christus appellari in scripturis inuenitur diuinis [...] *Serpens*, pro morte et sapientia. *Vermis*, qui resurrexit. » (*Etymologies*, VII, 2, « De filio Dei »).

2 Souvenir probable de la première épître aux Corinthiens : « ...absorta est mors in uictoria. Vbi est mors uictoria tua ? Vbi est mors stimulus tuus ? » (15 : 54-55)

CXLII.

Comme nos petits Vers ne donnent apparence,
Avant qu'estre montez d'aucun œuvre achevé,
Ainsi le Christ n'a fait son œuvre d'excellence,
Qu'il n'ait en fin esté sur la Croix eslevé.

CXLIII.

C'est là qu'il semble mort, mais voyons ce mystere
Et comme il est vivant ès abysmes profonds,
Es goufres de peché, de mort et de misere
Il vit franc de peché comme ès mers les poissons :

[13 v°]

CXLIIII.

Ainsi l'a remarqué la plus scavante Grece,
Es lettres du poisson lisant son Redempteur,
Sous l'Acrostiche saint d'une fidelle addresse,
Y trouva Jesus-Christ filz de Dieu le Sauveur[1].

---

1 Il s'agit évidemment d'une allusion au poisson, adopté comme symbole ou signe de ralliement par les premiers chrétiens : les lettres formant en grec le mot *poisson* (ἰχθύς) peuvent être interprétées comme un acronyme correspondant à la formule *Jésus-Christ, Fils de Dieu, Sauveur* ('Ιησοῦς Χριστός Θεοῦ 'Υιός Σωτῆρ).

Il est curieux de noter que Ludovico Lazzarelli, dans son *Opusculum de Bombyce* (*cf. supra*, introduction, p. 30, notes 2 et 4), voit dans les marques symétriques que portent les vers sur certains de leurs anneaux les lettres grecques évoquant le Christ :

> « Vidi ego qui senis ferrent hæc grammata nodis
> Vsque imam pictos a summo uertice caudam
> Alpha duplex ω grande duplex geminumque ferebant
> X græcum : Summi augustissima nomina Christi
> Est simplex ω grande prius dehinc Alpha gemellum
> ω mega tunc iterum distinguens terga uidetur
> X geminum extremam precedit denique caudam… » (f° 5 r°)

On peut supposer que Béroalde, féru d'alchimie, connaissait les écrits de ce philosophe et poète hermétique, mort en 1500, dont le *Crater Hermetis* avait été traduit en français par Gabriel du Préau : *Deux livres de Mercure Trismégiste Hermès* […] *avecq'un dialogue de Loys Lazarel* […] *intitulé le Bassin d'Hermès*, Paris, E. Groulleau, 1557.

CXLV.

Cest art estant commun aux sçavantes Sybilles[1],

---

1 Un acrostiche prémonitoire, formé sur les lettres du mot ιχθύς se trouverait dans les prétendus *Vers* ou *Oracles sibyllins*, apocryphes issus de la tradition juive alexandrine, remaniés et récupérés à des fins apologétiques par les premiers chrétiens. Eusèbe et saint Augustin n'hésitent pas à l'attribuer à la sibylle Erythrée : « De Sibylla Erythræa, quæ inter alias Sibyllas cognoscitur de Christo euidentia multa cecinisse. Eodem tempore nonnulli Sibyllam Erythræam uaticinatam ferunt. Sibyllas autem Varro prodit plures fuisse, non unam. Hæc sane Erythræa Sibylla quædam de Christo manifesta conscripsit; quod etiam nos prius in Latina lingua uersibus male Latinis et non stantibus legimus per nescio cuius interpretis imperitiam, sicut post cognouimus. Nam uir clarissimus Flaccianus, qui etiam proconsul fuit, homo facillimæ facundiæ multæque doctrinæ, cum de Christo conloqueremur, Græcum nobis codicem protulit, carmina esse dicens Sibyllæ Erythrææ, ubi ostendit quodam loco in capitibus uersuum ordinem litterarum ita se habentem, ut hæc in eo uerba legerentur: 'Ιησοῦς Χριστός Θεοῦ 'Υιός Σωτήρ, quod est Latine, Iesus Christus Dei Filius Saluator. Hi autem uersus, quorum primæ litteræ istum sensum, quem diximus, reddunt, sicut eos quidam Latinis et stantibus uersibus est interpretatus, hoc continent: *iudicii signum tellus sudore madescet. E cælo rex adueniet per sæcla futurus, scilicet ut carnem præsens, ut iudicet orbem. unde deum cernent incredulus atque fidelis celsum cum sanctis æui iam termino in ipso. Sic animæ cum carne aderunt, quas iudicat ipse, cum iacet incultus densis in uepribus orbis, reicient simulacra uiri, cunctam quoque gazam, exuret terras ignis pontumque polumque inquirens tætri portas effringet Auerni. Sanctorum sed enim cunctæ lux libera carni tradetur, sontes æterna flamma cremabit. Occultos actus retegens tunc quisque loquetur secreta, atque deus reserabit pectora luci. Tunc erit et luctus, stridebunt dentibus omnes. Eripitur solis iubar et chorus interit astris. Voluetur cælum, lunaris splendor obibit ; deiciet colles, ualles extollet ab imo. Non erit in rebus hominum sublime uel altum. Iam æquantur campis montes et cærula ponti omnia cessabunt, tellus confracta peribit : sic pariter fontes torrentur fluminaque igni. Sed tuba tum sonitum tristem demittet ab alto orbe, gemens facinus miserum uariosque labores, Tartareumque chaos monstrabit terra dehiscens. Et coram hic domino reges sistentur ad unum. reccidet e cælo ignisque et sulphuris amnis.* In his Latinis uersibus de Græco utcumque translatis ibi non potuit ille sensus occurrere, qui fit, cum litteræ, quæ sunt in eorum capitibus, conectuntur, ubi Y littera in Græco posita est, quia non potuerunt Latina uerba inueniri, quæ ab eadem littera inciperent et sententiæ conuenirent. hi autem sunt uersus tres, quintus et octauus decimus et nonus decimus. Denique si litteras quæ sunt in capitibus omnium uersuum conectentes horum trium quæ scriptæ sunt non legamus, sed pro eis Y litteram, tamquam in eisdem locis ipsa sit posita, recordemur, exprimitur in quinque uerbis : Iesus Christus Dei Filius Saluator; sed cum Græce hoc dicitur, non Latine. Et sunt uersus uiginti et septem, qui numerus quadratum ternarium solidum reddit. Tria enim ter ducta fiunt nouem ; et ipsa nouem si ter ducantur, ut ex lato in altum figura consurgat, ad uiginti septem perueniunt. Horum autem Græcorum quinque uerborum, quæ sunt 'Ιησοῦς Χριστός Θεοῦ 'Υιός Σωτήρ, quod est Latine Iesus Christus Dei Filius Saluator, si primas litteras iungas, erit 'Ιχθύς, id est piscis, in quo nomine mystice intellegitur Christus, eo quod in huius

Elles chantoyent après[1] les lettres de ces noms ;
Leurs beaux vers aux esleus sont rencontres faciles,
Incognues du tout aux mondaines Raisons.

CXLVI.

Mon esprit s'eslançeant vers Idées si belles,
Void dessous ce Poisson la resurrection,
Et en y concevant les faveurs eternelles,
Sent d'un double profit double fruition :

---

mortalitatis abysso uelut in aquarum profunditate uiuus, hoc est sine peccato, esse potuerit. Hæc autem Sibylla siue Erythræa siue, ut quidam magis credunt, Cumæa ita nihil habet in toto carmine suo, cuius exigua ista particula est, quod ad deorum falsorum siue factorum cultum pertineat, quin immo ita etiam contra eos et contra cultores eorum loquitur, ut in eorum numero deputanda uideatur, qui pertinent ad ciuitatem dei. Inserit etiam Lactantius operi suo quædam de Christo uaticinia Sibyllæ, quamuis non exprimat cuius. Sed quæ ipse singillatim posuit, ego arbitratus sum coniuncta esse ponenda, tamquam unum sit prolixum, quæ ille plura commemorauit et breuia. in manus iniquas, inquit, infidelium postea ueniet ; dabunt autem deo alapas manibus incestis et inpurato ore exspuent uenenatos sputus ; dabit uero ad uerbera simpliciter sanctum dorsum. Et colaphos accipiens tacebit, ne quis agnoscat, quod uerbum uel unde uenit, ut inferis loquatur et corona spinea coronetur. Ad cibum autem fel et ad sitim acetum dederunt ; inhospitalitatis hanc monstrabunt mensam. Ipsa enim insipiens tuum deum non intellexisti, ludentem mortalium mentibus, sed spinis coronasti et horridum fel miscuisti. Templi uero uelum scindetur ; et medio die nox erit tenebrosa nimis in tribus horis. Et morte morietur tribus diebus somno suscepto ; et tunc ab inferis regressus ad lucem ueniet primus resurrectionis principio reuocatis ostenso. Ista Lactantius carptim per interualla disputationis suæ, sicut ea poscere uidebantur, quæ probare intenderat, adhibuit testimonia Sibyllina, quæ nos nihil interponentes, sed in unam seriem conexa ponentes solis capitibus, si tamen scriptores deinceps ea seruare non neglegant, distinguenda curauimus. Nonnulli sane Erythræam Sibyllam non Romuli, sed belli Troiani tempore fuisse scripserunt. » (*La Cité de Dieu*, XVIII, 23)

Sur ce sujet, on pourra se reporter aux articles "Ichtys" et "Sibylles" du *Dictionnaire de théologie* de l'abbé Bergier, Paris, L. Vivès, 1852, tomes 3, p. 91 et 5, p. 204-208).

1 En prenant chaque lettre du nom pour initiale d'un vers : « Les anciens [vers des sibylles] étoient écrits de telle sorte, qu'en réunissant les lettres initiales des vers de chaque article, on y retrouvoit le premier vers de ce même article [...] l'acrostiche inséré dans le huitième livre, et qui est tiré du discours de Constantin au concile de Nicée, est d'une espèce différente ; il consiste en trente-quatre vers, dont les lettres initiales forment le 'Ιησοῦς Χριστός, Θεοῦ 'Υιός, Σωτήρ, σταυρός, mais ces mots ne se trouvent point dans le premier vers. » (Abbé Bergier, *ibid.*, t. 5, p. 205)

CXLVII.

Ainsi doit on tirer des actions presentes
Les bien-heureux projets de la vie à venir,
Et nos vies estans diversement errantes
Doivent imaginer ce qu'il faut devenir.

CXLVIII.

Pensans devotieux aux affaires divines,
Nous revenons encor autour de nos troupeaux,
Et nos ames estans à leur devoir enclines,
Nous imitons les Vers filans leurs escheveaux.

CXLIX.

Or prenez tost ces fruits achevez les d'esteindre
Car le Ver revivant sa bogue perceroit,
C'est ce qu'il faut noter, c'est tout ce qu'il faut craindre,
Car par cet accident la soye periroit.

CL.

Nature eut bien apris à son Ver d'excellence,
De laisser un passage en traceant son labeur,
Mais la solution eut troublé sa puissance,
Car ce vaisseau n'eust peu conserver sa chaleur.

[14]

CLI.

L'ær qui eust respiré eut troublé l'harmonie
Qui doit du poisson mort la vie r'appeler,
Ainsi ce pauvre Ver en perdant une vie,
Eut perdu tout espoir de se* renouveller.

CLII.

Remarquez la couleur pour la meilleure soye
Non la grise ou la blanche, ou la triste couleur,

Pour obtenir à gré* il faut qu'on se prouvoye
Des fruits que le verdoye orne de son honneur[1] :

CLIII.

D'entre tant de monceaux avisez les fusées
Lesquelles paroistront de diverses couleurs,
Reservez celles-là qui seront disposées
Comme amans accouplés ou jointes comme seurs[2] :

CLIIII.

S'il ne vous plaist ainsi prennez les plus pesantes,
De l'un et l'autre sexe ayant bien sceu choisir,
Aucuns ont à dessin d'observer les brillantes,
Signe seur que le Ver y est à son plaisir.

CLV.

Au fuseau l'on cognoist la femelle et le masle,
La femelle l'a mousse et le masle pointu,
Cettuy-là du mary est un petit plus pasle,
Et l'autre semble avoir en soy plus de vertu[3].

CLVI.

Il n'en faut pas beaucoup pour conserver la race,
Une mere sera mere de plus de cent,

---

1 *Cf.* Vida, II, 171 *sqq*. Lazzarelli (voir plus haut, note 1, p. 77) indique que les cocons de couleur verte sont parmi les plus estimés :

> « Sunt qui alba : sunt qui crocea : sunt quiue rubente :
> Sub uiridem quidam contexunt stamine telam.
> Sub uiridis color ante alios laudatur in illis. » (*Opusculum,* f° 5 v°)

Ch. Estienne et J. Liébault sont d'un avis contraire : « Quant au choix de leur escosse et escailles, les orenges sont meilleures et non les jaunes, et moins les blanches ou vertes… » (*La Maison rustique*, chap. LXXXVII, f° 277 v°) *Cf.* également O. de Serres, *Cueillete*, p. 97.

2 *Cf.* O. de Serres, *Cueillete*, p. 105.

3 *Cf.* O. de Serres, *Cueillete*, p. 101.

Mais gardez que sur tout la mort ne les efface
Es coques par le chaud, le froid, l'humeur, le vent.

CLVII.

Enfilez doucement ces coques recueuillies,
Et gardez que le fer ne donne jusqu'au mort,
Si le fer y touchoit ses vertus abolies
Jettroyent le pauvre Ver en son extréme sort.

[14 v°]

CLVIII.

Mettez les en lieu tiede affin que mieux se couvent,
Ces oiseaux qui viendront dans dix jours revoir l'ær :
Quand ils sont r'animez aussi tost ils se mouvent,
Et percent leur prison affin de s'en voler[1].

CLIX.

Ces petits papillons dedans leurs coques laissent,
La peau qui les couvroit en forme de poisson,
Devenus oiseaux blancs jamais ne se repaissent
Que d'amour qui leur est et viande et boisson.

CLX.

Jadis ce petit Ver rampoit dessus son ventre,
Et ores transmué s'esleve vers les cieux,
Si tost qu'il est sorty de l'estroit de son antre,
Sur les ærs infinis, veut voler glorieux.

CLXI.

Aux pais chauds, ce Ver a les æsles si vives,
Qu'il peut dedans les ærs aisement s'eslancer,

1 Strophes CXLIX-CLVIII : *cf.* Vida, II, 175 *sqq*.

Mais il ne les a pas en ces lieux si fuitives,
Qu'il puisse vers le Ciel si librement tracer :

CLXII.

Se voyant sur le chef deux cornes appointies,
Deux æsles aux costés, deux pointes au menton,
Tout superbe d'avoir desjà gousté deux vies,
Ne se ressouvient plus de sa longue prison :

CLXIII.

Ces papillons sortis de leurs vaines coquilles,
Desirent s'esgayer du reste de leurs jours :
Ils n'ont plus le soucy des premieres chenilles,
Ils occupent leur cœur de plus douces amours :

CLXIIII.

Ils ne sont pas ainsi que les tristes avares,
Qui plains jusques au cœur peinent incessamment,
Aussi ne sont ils point à leurs ames barbares,
Mais ils savourent l'heur de leur contentement.

[15]

CLXV.

Fermez leurs lieux du jour que ces oyseaux ne prennent
Leur vol bien loin de vous pour chercher autres lieux,
Que sur les linges blancs les dames les retiennent,
Pour avoir les petits qui viendront après eux.

CLXVI.

Si ces beaux Papillons relevés sur leurs æsles,
Farouches inconstans ne se vouloyent poser,
Prenez les estandars qui leur servent de voiles,
Et sur les linges blancs faites-les reposer.

CLXVII.

Alors comme avisez de nouvelle esperance,
Assis sur les beautez du tapis desiré,
Ilz se rencontreront en mesme esjouissance
Qu'aux champs Eliseans on sent l'heur esperé.

CLXVIII.

Ces Vers tous asseurez de nouvelle naissance
S'excitent de l'amour dont leur cœur est surpris,
Et pour continuer leur eternelle engence
Chasquun de sa femelle aussi tost est espris.

CLXIX.

On les void touts mignards leurs queües enlacées
Des æsles tremblottans gouster quelques faveurs,
Et quatre jours durans leurs ames sont pressées
De cet eslancement de pudiques douceurs.

CLXX.

Les masles ne vont pas aux Amours incertaines,
Car chasquun d'eux se tient à sa douce moitié,
Et leurs dames qui sont de pudicité pleines,
Ne changent point aussi d'objet ny d'amitié.

CLXXI.

Tousjours l'estat certain se trouve ès bonnes ames,
Et la perversité sort d'un mauvais sujet,
Aussi ces bons Oiseaux suyvent leurs bonnes flames,
Si quelqu'un est changeant son cœur est imparfait.

[C]

[15 v°]

CLXXII.

Ces Oiseaux font l'Amour et volettans se joüent
A celles de leur cœur jusqu'à l'extremité :

Puis lors que les destins leurs rencontres desnoüent,
Leurs femmes pour jamais* vivent en chasteté :

CLXXIII.

Le masle est plus petit que sa douce femelle,
Ils ne laisent pourtant d'avoir un mesme cœur,
Car on les void mourir si on ne les demesle,
Alors qu'ils sont unis en l'amoureuse ardeur.

CLXXIIII.

Quand le masle est desjoint d'avecques sa mignonne,
Il vuide une jauneur qui tache le papier,
Et la femelle après ses petits œufs nous donne
Pour successivement encor fructifier.

CLXXV.

Au long de la blancheur les femelles nous laissent
Une infinité d'œufs pour se renouveller,
Puis un petit après les destins qui les pressent,
Après leurs chers espoux les contraignent aller.

CLXXVI.

Ces petits œufs sortis sont semence dorée,
Qui quelques temps après prennent couleur de gris,
Les plus bruns ont en soy la richesse esperée,
On tire des plus noirs les Vers de plus grand prix.

CLXXVII.

Que ces œufs soient serrez en lieux où n'ait puissance,
La moyenne challeur qui les vous esclorroit,
Prenez garde de près que quand cette semence
Doit esclorre on en void tout reluyre un endroit.

CLXXVIII.

Conservez ce bon grain que la mere feconde
Vous laisse s'en allant à la seconde mort,
Devant l'an revolu un autre petit monde
Vous en naistra ainsi pour suyvre mesme sort[1].

[16]

CLXXIX.

Cependant que le temps vous preste de l'espace,
Devidez promptement vos delicats fuseaux,
Et vous appercevrez qu'il y a bonne grace
Par l'evident profit qu'aurez de ces travaux.

CLXXX.

Qui voudra profiter qu'il tire tost la soye
Ayant dedans le four les Fileurs fait mourir,
Et s'il faut que l'ouvrier sagement y prouvoye,
On en a veu revivre et leurs coques ouvrir.

CLXXXI.

Pour la soye tirer faut des mains bien expertes,
Qui le bout bien trouvé facent devider tout,
Et qu'à la fin estans les coquilles defaites
On trouve le Ver mort tenant à l'autre bout.

CLXXXII.

C'est un fruit abondant, un profit usuraire,
Un bien qui couste peu, aquis par ce mestier,
Il est utile aux grands, il profite au vulgaire,
Car de peu d'escheveaux on tire un grand denier.

1 Strophes CLXXII-CLXXVIII : *cf.* Vida, II, 285 *sqq.*

CLXXXIII.

Pour faire ces grands guains à petites journées,
On ne va par les bois destrousser les passans,
On ne cherche au hazard les mauvaises années,
Pour ravir usurier le bien des païsans :

CLXXXIIII.

C'est un profit du Ciel, une mane seconde,
Sous laquelle Dieu veut faire espreuve des cœurs[1],
Voilà comment il scait contenter tout le monde,
Mais les hommes n'ont pas esgard à ses faveurs.

CLXXXV.

Que c'est un grand plaisir de voir en quantes sortes,
Ces fils sont maniez et dehors et dedans,
Les hommes ès greniers, les femmes à leurs portes,
Sont tous les jours après mouvans et devidans.

[Cij]

[16 v°]

CLXXXVI.

Encor on a trouvé la machine excellente
Incognue à Heron[2], et à nos devanciers,

1 A propos de l'assimilation de la soie à une *manne*, voir plus haut, note 2, p. 47.

2 Héron d'Alexandrie, fameux mathématicien qui vécut probablement au Ier siècle de notre ère. On lui attribue de nombreux traités théoriques ou techniques, touchant à divers domaines des mathématiques, de la physique et des arts « mechaniques » : géométrie, triangulation, optique, architecture, poliorcétique… On lui prête les formules de calcul de l'aire du triangle à partir du demi-périmètre et de la racine carrée par approximation récurrente ; lointain précurseur de la thermodynamique, il est surtout connu pour ses travaux sur les machines et les automates (sur les aspects biographiques et bibliographiques, voir par exemple Bertrand Gille, *Les Mécaniciens grecs*, Paris, Seuil, 1980, p. 122-145). Comme les personnages mythiques ou historiques évoqués précédemment (voir plus haut, notes 2, p. 47 et suivantes), Héron est une figure emblématique de la τέχνη, de l'ingéniosité humaine ; mettre au point une machine pour lui inconcevable, c'est

Qui divide et retord[1] en quantité si grande,
Que ce moulin[2] ressemble un grand peuple d'ouvriers.

CLXXXVII.

Une fille mouvant la machine bruyante,
La broche dans la main fait un double devoir,
Et coulant pas à pas, bien souvent elle chante,
Les accords desirez qu'Amour luy fait scavoir.

CLXXXVIII.

L'ouvrier ingenieux qui les soyes dispose,
En estofe l'ouvrage en cent diversitez,
Et comme du mestier les engins il compose,
Il en suit tous les jours les patrons inventez :

CLXXXIX.

Il fait des draps ouvrez, il en fait sans ouvrage,
Il fait des Tafetas, des Satins, des Velours,
Et mille autres façons unis et à feuillage,
Selon qu'il recognoist que le debit a cours.

CXC.

Il fait des passemens, des las, des aiguillettes,
Voire infinis cordons pour la commodité,
Et aux bourses aussi s'amusent les fillettes,
Qui de mains et de voix chassent l'oisiveté.

---

faire la preuve que l'homme est capable de progrès. Mieux, cette aptitude à développer ce qu'on appellerait aujourd'hui les « technologies » peut contribuer à améliorer les conditions de vie des plus humbles, à instaurer un nouvel équilibre social fondé sur une prospérité retrouvée. Le perfectionnement du moulin à soie, mis au point en Italie à la fin du XIVe siècle, présente un intérêt pratique, ce qui marque sa supériorité sur les spéculations du savant alexandrin, dont les réalisations conservent un caractère ludique ou expérimental (machineries de théâtre, éolipyle), lorsqu'elles ne visent pas à des utilisations militaires.

1 Le retordage, ou retordement, consiste à tordre deux ou plusieurs fils ensemble afin d'en accroître la résistance.

2 Guindre, moulin à doubler la soie (voir plus bas, strophe CCLXXXVIII).

CXCI.

Vous tous qui devisez de la toison dorée,
N'allez point deduisant cette-là de Colcos[1],
L'or est fillé dessus la soye preparée,
La soye est le mouton portant l'or sur le dos[2] :

CXCII.

Ce dont les lieux sacrés et les riches on pare,
Est tiré de la soye et de ce qui s'en fait,

---

1 Allusion à la légende de la Toison d'Or. *Cf.* la *Mythologie* de Conti: « Ceste toison estoit la peau d'or d'un Belier qui avoit porté Phrixe en la Colchide, laquelle (comme on dit) il avoit dedié à Jupiter Phyxien, c'est à dire favorisant sa fuite : et l'avoit penduë à un arbre dans le parc de Mars à Colchos. » (VI, 8, « De Iasone »)

« Phrixe qui posa la toison d'or en Colchos, fut fils d'Athamas et de Nephelé. Athamas regnant à Thebes espousa Nephelé, et en eut deux enfans, Phrixe et Hellé. Puis-apres repudiant, je ne sçay pourquoi, Nephelé, il espousa Ino, de laquelle il eut Clearche, autrement Learche, et Palemon, depuis appelé Melicerte. Ino devint esperdument amoureuse de son beau-fils Phrixe : à laquelle ne voulant complaire, elle commença de le haïr autant qu'elle l'avoit aimé, selon qu'ordinairement la haine des belles-meres est excessive [...] Elle commanda à ses fermiers de frire tous les grains tant de bleds que de legumes qu'il faloit mettre en terre, afin qu'ils ne peussent germer ; puis apres corrompit par presens les prestres d'Apollon Pythien, les prophetes et devins, afin qu'ils fissent entendre au Roy Athamas, que pour remedier à la famine, attendu que les bleds ne venoient point, il estoit necessaire de sacrifier aux Dieux l'un des enfans de Nephelé. Athamas, ces tristes nouvelles ouyes, croyant que ce fust un faire le faut, destina son fils Phrixe, et l'equippa des coiffures bandeaux, rubans et autres ornemens accoustumez aux victimes, pour estre mis sur l'autel en sacrifice. Mais Nephelé survint qui enleva ses deux enfans Phrixe et Hellé, et leur donna une brebis ou mouton d'or dont Mercure luy avoit faict present, qui les emporta à travers l'air. Advint qu'estans arrivez à ce bras de mer qui est entre le cap de Sigee en Phrygie la mineur, et le Cherronese. Hellé se laissant choir en la prochaine mer, qui depuis cette cheute fut appellee Hellesponte [...] Phrixe ayant perdu sa sœur Hellé, lassé de la longueur du chemin et du travail se reposa au cap de Brixabe : où les habitans du lieu, gens barbares, l'ayans veu, accoururent avec armes pour luy faire un mauvais parti. Mais le Mouton s'enclinant et usant de voix humaine le resveilla ; parquoy se sauvant il vint en Colchos [...] et immola ce Mouton à Jupiter surnommé Phyxien, c'est à dire favorisant sa fuite : et posa la peau sur un yeuse au parc de Mars, laquelle on dit avoir depuis esté baillee en garde à un Serpent. » (VI, 9, « De Phrixo ». Nous citons d'après la traduction de J. de Montlyard : *Mythologie* [...] *extraite du Latin de Noel le Comte par* [...] *J. D. M.*, Rouen, Jean Osmont, Manassez de Preaulx et Jacques Besongne, 1611, p. 475 et 487-488)

2 Strophes CLXXXV-CXCI : *cf.* Vida, II, 347 *sqq.*

Et n'y a vestement tant soit il riche ou rare,
Qui de la soye n'ait ce qu'il a de parfait.

[17]

CXCIII.

Mais quoy vous lairrons nous agreable semence,
N'aviserons nous point comme vous revivez,
Venez beaux petits œufs, venez future engence,
Puis qu'avec vos ayeux mesme soin vous avez.

CXCIIII.

Vous qui devez choisir la semence meilleure,
Ayez de bon vin blanc où vous l'essayerez,
Le petit grain pesant qui au plus bas demeure,
Est le vif en pouvoir[1] lequel vous traiterez.

CXCV.

Prenez bien garde au temps avisez que la lune[2]
Soit des feux du Soleil emplie gayement,
Car alors la saison sera toute opportune,
Et le Ciel favorable à ce commencement.

CXCVI.

Ce n'est pas tout que d'estre informé des affaires,
Scavoir la marchandise et la bien debiter,
Car il se faut cognoistre aux rencontres des spheres,
Pour juger quand le temps doit fondre ou s'arrester.

CXCVII.

Nous avons le Meurier des arbres le plus sage,
Qui nous sert de fanal à nos intentions,

1 En puissance : celui qui contient un germe vivant.

2 L'observation des phases de la lune afin de déterminer la période optimale pour l'incubation de la graine est recommandée par tous les auteurs, de même que l'immersion des œufs dans le vin, qui permet de sélectionner le couvain (voir, par exemple O. de Serres, *Cueillete*, p. 53 et 60-62).

Il est pole et Cadran de ce petit ménage,
Et le seur pronostiq des prosperes saisons[1].

CXCVIII.

Remarquez la saison que le Meurier boutonne[2]
Pour couver la semence et forme luy donner,
Mais retenez aussi que la lune soit bonne,
Pour à l'heureuse fin la besongne amener.

CXCIX.

Fuyez la lune laide et qui se diminue,
Ne vous y fiez pas si son œil n'est joyeux,
Et puis le temps à gré la saison revenue,
Hazardez de vos Vers le tresor precieux[3].

[Ciij]

[17 v°]

CC.

Prouvoyez au couvert et à la nourriture,
Du futur animal que voulez exciter,
Et devant le decours[4] avecques la nature,
Que vostre Ver soit nay pour aux ais le porter.

CCI.

En la lune de Mars qui dans Avril s'avance,
Vous pourrez à propos l'affaire commencer,
Et monstrant au Soleil la beniste semence,
De ces proprietez les effais avancer.

---

1 Strophe CXCVII : *cf.* Vida, I, 61 *sqq.* et O. de Serres, *Cueillete*, p. 57 et 60.

2 *Cf.* Ch. Estienne et J. Liébault : « La soingneuse mesnagere, si tost que le printemps s'approchera, et verra que le murier commence à boutonner, fera apprest des œufs des vers qu'ella aura gardé tout l'hyver pour les mettre couver… », *La Maison rustique*, chap. LXXXVII, f° 277 r°.

3 Strophes CXCVIII-CXCIX : *cf.* Vida, I, 69 *sqq.*

4 La phase de décroissance, de la pleine lune à la lune nouvelle.

CCII.

Les Vers qui sont esclos la Lune vieillissante,
Sont tant disgraciez qu'à peine vivent ils,
Et s'ils font quelque fruit leur soye est mal plaisante,
Fascheuse à demesler et de trop foibles fils.

CCIII.

Pour couver ces bons œufs aucuns sont qui les monstrent
Aux ardeurs du Soleil ou à d'autre challeur,
Mais ceux qui les tetons des pucelles rencontrent,
Vivent mieux et ont plus de vie et vigueur.

CCIIII.

De toutes les challeurs la challeur plus naïve,
Est celle que l'amour a mise en ces beaux seins,
La graine dans trois jours s'y trouvera hastive,
Mais elle esclost fort tard par tous autres desseins[1].

CCV.

BELLE je voudrois bien transmuer ma semblance,
A ce globe arondi de futur Vermiceau,
Dans vostre sein mignon mignardant mon essence,
Je deviendrois non Ver mais un ange nouveau :

CCVI.

Doux flambeaux de l'amour Pucelles agreables,
Qui desirez cognoistre esclorre ces mignons,
Traitez les doucement de vos mains favorables,
Soigneuses les couvans entre vos beaux tetons.

[18]

---

1 Strophes CCIII-CCIV : *cf.* Vida, I, 85 *sqq.* ; *cf.* également Ch. Estienne et J. Liébault, *ibid.*, et O. de Serres, *Cueillete*, p. 54.

CCVII.

Si tost que sortira cette Vermine nette,
La pucelle la doit toucher premierement,
Dessus des linges blancs il faudra qu'on la mette,
Pource qu'on ne la peut traitter trop dignement ;

CCVIII.

Vous les verrez errer ces bandes fourmillantes,
Dessus les tappis blancs qu'on leur a preparez,
Mais comme on les verra par le temps grossissantes,
Il leur faudra donner leurs quartiers separez.

CCIX.

A ces jeunes convient offrir la feuille tendre,
Car cette feuille suit l'age des Vermiceaux,
A tout ce qui leur faut on doit si bien entendre,
Qu'on ait seul dans le cœur le soin de ces troupeaux.

CCX.

Si l'ær estoit* malin et que la pestilence,
Affligeat près de vous les peuples desolez,
Il se faut opposer à si triste influence
Par feux clairs odorants, par chassis bien collez.

CCXI.

Mais que nous servira toute nostre industrie,
Si de Dieu nous n'avons en nos fais les faveurs ?
Il faut soir et matin pour le moins qu'on le prie,
Affin que sa clemence assiste à nos labeurs.

CCXII.

Remarquez bien vos Vers quand vous les verrez paistre
Car c'est alors qu'on void comme ils se porteront,

Et par signes certains apprennez à cognoistre,
Ceux qu'il faut rejetter, et ceux qui serviront.

CCXIII.

Celluy qu'on cognoistra tavelé de jaunisse,
Duquel la couleur* tire à la paille en couleur,
Ladre il brusle sa soye et faut qu'on le banisse
Car il infecteroit nostre troupe d'honneur[1].

[Ciiij]

[18 v°]

CCXIIII.

On estime un beau Ver quand il leve la teste,
Et qu'il a le corps long avec l'œil clair et beau,
Qu'il a la teste noire, et qui tousjours est preste,
De sentir son disner qu'on lui porte nouveau :

CCXV.

Ne le touchez beaucoup, sa nature floüette
Ne suporte pas bien ce qui le pressera,
Offrez luy doucement la mignonne feuillette
Vous verrez qu'aussi tost il s'y attachera.

CCXVI.

Ce Ver est si parfait, si noble et si celeste
Qu'il ne peut demeurer avec l'infection,
Mesme en la bouche mis la levre il ne moleste,
Ne laisse empoule aucune ou autre passion.

CCXVII.

C'est un des interests de la sage nature
Que le sexe des Vers se puisse appercevoir,

---

1 *Cf.* O. de Serres, *Cueillete*, p. 86.

On cognoist la femelle à sa belle figure,
Ayant* l'œil plus subtil que le masle et plus noir*.

CCXVIII.

Ores que vous avez tant de Vers sur vos tables,
Soyez religieux d'observer telles loix,
Faites venir par fois des filles agreables,
Qui s'accordent près d'eux en leurs mignardes voix.

CCXIX.

N'y* laissez point hanter le viel melancolique,
Banissez en aussi la sorciere à jamais,
Ces deux viendroyent troubler le douce republique
Qui ne requiert qu'amour, santé, plaisir et paix.

CCXX.

Quelques-fois que chez vous l'imprudente jeunesse
Venant se recreer vos Vers visitera,
Pource qu'elle ne scait l'estat de votre adresse,
Sans jugement par tout sa dextre avancera :

[19]

CCXXI.

Tenssez ces jeunes gens, causez leur quelque crainte,
Dictes leur que ce Ver est un serpent cruel,
Et que s'ils en avoyent un coup la main atteinte
Ilz seroyent infectez de son venin mortel :

CCXXII.

Et si les belles mains de ces simples fillettes.
Ont osé les toucher, mettez les en soupson,
Retirez vous d'icy dites leur, ô follettes,
Ces Vers ont à la queüe un mortel aiguillon :

CCXXIII.

N'i* soufrez pas aussi les aleines puantes,
Chassez ceux qui font l'ær insuportable au nez[1],
Aucuns ont tant aux pieds d'ondées odorantes*,
Que les Vers les sentans en sont empoisonnez.

CCXXIIII.

Fuyez les mangeurs d'aux d'oignons et des cyboules,
Et les femmes qui ont les regles de leurs temps :
Vos Chenilles seroyent desgoutées et soules
Avant qu'avoir mangé, ou mourroyent les sentans[2] :

CCXXV.

N'y* laissez point entrer toutes sortes de dames,
Voyez celles qui ont au regard la douceur,
Ces doux enfans du Ciel ayment les belles ames,
Après les beaux objets ils font mieux leur labeur.

CCXXVI.

Dames avisez bien si quelque-fois ma Belle,
Revisite vos Vers, ne lui permettez pas,
Elle m'a d'un regard fait mourir la cruelle,
Ses regards meineroient vos troupeaux au trespas.

---

1 *Cf.* O. de Serres, *Cueillete*, p. 77.

2 Strophes CCXIX-CCXXV : *cf.* Vida, II, 113 *sqq.* et Guidicciolo : « Osserverassi ancora, de non lasciar intrar là u sono i Cavaglieri, alcuno c'habbi magnato aglio, porro, ò ceppolla, e altre cose d'odor simile nocivo : perche troppo da tali odori restano offesi i delicati.

« Non senza gran mistero dico ancora, che non si permetta, ò sia homo ò donna, parente ò non parente, ch'entri in la stanza, s'haura voce rauca, se sarà de tristo anhelito ò fiato, se sarà d'occhi infermi, se sarà de viso vecchio : ne s'habi rispetto à persona : perche con incanti, quai si fanno, tal'hor con sguardi, tal'hor con empi voti, e tal'hor con magiche parole, potrebbono tal persone, fare ai miserelli, e scorno, e danno.

« Entrino à suo bel piacere giovanni vergini, donzelle e vaghi giovanetto quai sieno de visi e d'anni puri e innocenti. » (*Avertimenti...*, f° 10 v°-11 r°)

Sur « les femmes qui ont les regles de leur temps », voir plus bas, note 1, p. 102.

CCXXVII.

Ces prudens animaux* Chenilles profitables
Sont causes de bon heur au lieu qui les nourrit
Sans cesse il est suivy de graces delectables
Un chascun le benit tout y plaist tout y rit.

[19 v°]

CCXXVIII.

Tesmoin en soit tousjours la Belle Bourdaisiere[1]
La Mere des beautez de la Court de ce temps,
Et tout ainsi qu'elle est pour ces Vers mesnagere,
Ses beautez soyent aussi nouvelles tous les ans.

CCXXIX.

Mesnagers diligens qui aurez cognoissance
Des profits infinis que la soye fera,
N'employez que deux mois à telle diligence,
Vous verrez que ce temps fort peu vous durera.

CCXXX.

Mais encor il vous faut exciter le courage,
Pour vous monstrer comment vous serez bons ouvriers :
Et si vous desirez accomplir ce mesnage,
Vous vous rendrez peuplez de nombre de Meuriers.

CCXXXI.

Un peu loin des maisons où les poules ne hantent,
Plantez de rang en rang les Meuriers fructueux,

1 Le seigneur de la Bourdaisière, fief dépendant de l'archevêché de Tours, était alors Georges Babou, comte de Sagonne. Il avait épousé Madeleine du Bellay, qui lui donna trois enfants, dont deux filles, Marie et Anne. Donnée en exemple par les fabricants de Tours, qui souhaitaient voir se développer la production locale, « la dame Babou de la Bourdaisière [...] chaque année [faisait] filer deux cents livres de soie. » (Abbé L. Bossebœuf, « Histoire de la fabrique... », p. 407)

Et faites aviser que ceux-là qui les plantent,
Les mettent en un lieu qui tienne de l'aqueux.

CCXXXII.

Prenez du beau rameau la plus grosse bouture,
Et l'enfoncez au creux qui luy est preparé,
Et que cet arbriceau souvent et avec cure,
Soit esmoussé, gratté, eschenillé, curé.

CCXXXIII.

Le Meurier croist de provins, de gettons, de semence,
Dont avec diligence il devint arbre entier,
Alors si vous voulez qu'en boutons il s'avance,
Fumez luy bien le pied ès lunes de Fevrier.

CCXXXIIII.

Cet arbre blanc ou noir bonne terre demande,
Le blanc vient le premier à la perfection,
Le Meurier qui est noir a la feuille plus grande,
Mais le Ver sur le blanc a plus d'affection.

[20]

CCXXXV.

On le pourroit enter en tuyau[1], ou en fente,
Ou en autre façon sur poirier ou pommier,
On en peut bien aussi faire la meilleure ante,
Outre ce qu'avons fait, dessus le chastaignier.

CCXXXVI.

Redirons nous encor qu'on l'ente dessus l'orme ?
Dessus les deux peupliers, sur le cormier noueux ?

1 Greffe dite encore « en flûte » ou « en sifflet ».

Soit. Mais avisons bien que la meilleure forme
Est par le naturel les jeunes sur les vieux[1].

CCXXXVII.

Grand effait de nature au soin de l'artifice,
Recherche dont la preuve on prouve tous les jours,
Par l'Enture on* conjoint au naturel propice
Un autre pour former de nouvelles amours.

CCXXXVIII.

Voilà comment souvent on adjouste aux substances,
Pour rendre encor meilleur ce qu'on pensoit parfaict :
Que diversifiant de belles apparences,
On met plusieurs sujets dedans un seul sujet.

CCXXXIX.

Je puis accomparer l'Enture à la doctrine,
Qui fait qu'un homme bas soit relevé de cœur,
Ainsi le jardinier use de discipline
Sur l'arbre dont il est le sage precepteur.

CCXL

Alors qu'il pleut à Dieu d'exciter les essences
Et faire rejalir les surjons du caos,
Il establit l'estat de toutes les engences
Avant que de loger l'homme dans cet enclos.

CCXLI.

Fais ainsi mesnager prepare tes affaires
Ton logis, tes servans, et tes provisions,
Alors qu'on a chez soy les choses necessaires,*
On vient bien tost à bout de ses intentions.

---

1 *Cf.* O. de Serres, *Cueillete*, p. 20-21.

[20 v°]

CCXLII.

Lors tu auras des Vers dont avec patience
Tu recevras le bien, l'honneur et le plaisir
Là doncques hardiment certaine est l'esperance
Le profit asseuré va suyvant ce desir.

CCXLIII.

Or nous avons conté de la premiere peine
De ceux qui de la soye ont eu le premier soin
Nous pourrons bien aussi voir comme la Touraine
Pour l'avoir n'alla pas la rechercher trop loin.

CCXLIIII.

Jà plusieurs lieux avoyent de la soye l'usage
Es pays d'Orient le monde s'en paroit,
Icy pour tous habits nous avions du mesnage
La laine d'an en an, dont tous draps on tiroit.

CCXLV.

Quelques voisins avoyent la soye desirée,
Et cet art de bien loin nostre France aprochoit[1]
La Touraine bien plus s'en voyant retirée,
A l'Ange de son bien elle le reprochoit.

CCXLVI.

Cette Nimfe d'Amour, la Fée de Touraine
Baisottant doucement l'honneur de ses amours
Se plaignoit que sa robe estant encor de layne
On ne feroit pas cas de la Nimfe de Tours.

1 Inversion syntaxique ; l'idée générale est que la France, jusqu'alors, était loin d'atteindre à la maîtrise technique de ses voisins dans ce domaine.

CCXLVII.

Mon cœur dit son Daymon je te rendray fournie
Et de soye et de Vers et de si bons ouvriers,
Que seule tu seras de soye mieux garnie
Qu'ès pays qui les Vers ont cognu les premiers[1].

CCXLVIII.

Et bien qu'un mauvais temps interrompe ta gloire,
Qu'aux guerres des François ta soye se perdra,
HENRY qui de tes Roys efface la memoire,
De ta soye d'honneur ses Trofées joindra.

[21]

CCXLIX.

Il fera reflorir ton honneur par les voyes,
De Meuriers et de paix tes champs il bordera,
Dans tes grottes faisant devider tant de soyes,
Que de la soye encor la mere on te dira.

CCL.

Lors qu'il fera la paix entre Espaigne et sa France[2],

1 A rapprocher du don fait à Vénus, dans le poème de Vida (I, 419 *sqq.*). Le terme de *daymon* a ici un sens très vague, plus ou moins allégorique, évidemment bien éloigné des conceptions ronsardiennes. Par le jeu des emboîtements métonymiques, il évoque une sorte de génie tutélaire de la ville, personnification de l'*ingenium* des Tourangeaux.

2 Allusion à la paix de Vervins, signée par Henri IV et Philippe II le 5 mai 1598, après de longues et difficiles négociations. A la suite de ce traité, qui mettait un terme à la guerre entre la France et l'Espagne et marquait la fin d'une longue période de troubles, les troupes espagnoles évacuent le territoire français, moyennant une clause purement formelle de non-renonciation sur les droits à la couronne. Bien que l'opération se révèle très avantageuse pour la France, Henri IV doit renoncer dans l'immédiat au marquisat de Saluces, territoire français du Piémont, conquis en 1580 par le duc de Savoie, Charles-Emmanuel (voir plus bas, note 1, p. 113).

La forme *fera* nous rappelle que c'est le *daymon* qui parle : l'auteur lui prête une promesse prophétique, ou plutôt une pseudo-prophétie qui, pour les besoins de la cause, prend les plus grandes libertés avec la vérité historique et la géographie. Vervins, capitale de la Thiérache (actuel département de l'Aisne), ne se trouve pas précisément au « cœur de la Touraine » !

Avec la *Pucelle d'Orleans*, publiée l'année précédente (Tours, S. Molin), Béroalde, il est vrai, s'autorisait une réécriture encore plus désinvolte de l'histoire.

Il la viendra signer Touraine dans ton cœur,
Pour t'en gratifier en digne recompence,
Il te rendra la soye en son pristine honneur.

CCLI.

Dès-lors pour cet effait les destins conjurerent,
Les astres furent prests au terme limité,
Et tous les Elemens qui s'en delibererent
Furent unis au point de cette nouveauté.

CCLII.

Un pauvre Tourangeau de sa vache vesleuse,
Receut un petit veau qu'il desiroit nourrir,
Mais par un grand hazard fortune industrieuse,
Fit serrant le licol le triste veau mourir.

CCLIII.

Il avoit un Meurier de petite esperance,
Au pied duquel il mit le corps du suffoqué,
Ce veau de Vers vivans jetta telle abondance,
Qu'il sembloit que le Ciel l'eut de mort revoqué[1].

---

1 Strophes CCLII, CCLIII : *cf.* Vida, II, 332 *sqq.* Lieu commun pseudo-scientifique sur la génération des vers, signalé dans la plupart des traités de l'époque, ainsi que dans des ouvrages postérieurs (voir par exemple Christophe Isnard, *Les Vers à soye presentez au Roy* ou *Memoires et instruction pour le plant des Meuriers blancs, nourriture des Vers à Soye...*, Paris, G. Soly, 1665). A propos de cet « estrange moien de pourvoir de Vers-à-soye sans semence », on lira avec intérêt les commentaires d'Olivier de Serres, qui se réfère aux auteurs anciens et à l'Ecriture : *Cueillete*, p. 94-95 et *Theatre*, V, 15. Il faut attendre le XVIIIe siècle pour voir dénoncées la plupart des idées reçues à propos de l'élevage des vers : « ... la Physique et l'Histoire naturelle, si nécessaires pour les progrès des arts de cette espèce, étoient bien défectueuses chez les anciens où l'on voit débiter, au lieu d'expériences et d'observations, des fables et des absurdités : telle étoit celle de la recette pour se procurer au besoin des Vers à soie, lorsque les œufs de ces insectes venoient à manquer, on faisoit sortir ceux-ci du cadavre, ou de la pourriture d'un Veau, long-tems nourri avec de la feuille de mûrier [...] cela n'est point étonnant pour ces tems-là ; mais il l'est beaucoup que des Auteurs très-

CCLIIII.

Infinis de ces Vers dedans l'arbre gravirent,
Et se prindrent au verd pour s'en alimenter,
Quelques-uns des voisins qui l'avanture virent,
Ne s'aviserent pas de les en dejetter.

CCLV.

Un certain temps après nouvelle non ouye,
Comme ils revisitoyent les rameaux devorez :
Ils virent haut et bas chaque feuille garnie
D'ovales en façon de petits fruits dorez.

[D]

[21 v°]

CCLVI.

Comme ils consideroyent ce que ce* pouvoit estre,
Et ce qu'avoit ce fruit caché dans son enclos,
Ilz virent d'aucuns bouts des petits Oiseaux naistre
Qui sont ces Vers tous blancs portans æsles au dos :

CCLVII.

Un plus deliberé prit une coque entiere,
Et voulant esplucher tout ce qu'il y auroit,
En leva de dessus cette laine premiere
Et puis vid que la reste en grands fils se tiroit.

CCLVIII.

Il remarque ces fils, il en porte en la ville,
Et ce fil fut jugé soye par les experts,

---

modernes, tiennent si fort à cet égard de l'antiquité, et qu'on ait imprimé tout récemment qu'il falloit interdire aux femmes l'entrée de l'Attelier des Vers à soie dans le tems d'une certaine évacuation propre à ce sexe ; de peur, dit-on, que tous les cocons ne devinssent rouges comme du sang. » (Abbé Boissier de Sauvages, *Mémoire...– cf. supra*, introduction, p. 3, note 26 –, préface, p. III-IV)

Depuis de ce hazard on fit un art utile,
Et l'on s'accoustuma de gouverner les Vers.

CCLIX.

Les Marchans trafiquans ès villes de l'Asie,*
Sachans que l'on scavoit tirer la soye à Tours,
Pour nous instruyre mieux aprirent l'industrie*
Qui dessus ce sujet s'exerce tous les jours.

CCLX.

Puis on sceut que la grene avoit moins d'efficace*
Demeurant sans changer tousjours en pareil ær*
Parquoy des lieux lointains on emprunta la race*
Des Vers, qui sont meilleurs et scavent mieux filler.

CCLXI.

Il faut donc transporter cette riche semence,
Car en changeant de ciel elle accroist en vertus*
Venez donq ô voisins querir celle de France
La vostre peut beaucoup, la nostre encore plus.

CCLXII.

La soye fut ainsi descouverte en Touraine,
Voylà comme elle y eut son accomplissement*
La Noblesse premier y employa sa peine,
Puis chacun s'en mesla pour son contentement.*

[22]

CCLXIII.

Vous autres qui voulez imiter la Nature
Ne pensez rencontrer comme on fit en ce veau,
Pour tels effaits il faut que le Ciel y conjure,
Avec l'accord de feu, de terre, d'ær et d'eau.

CCLXIIII.

Or c'est bien entreprendre une grande avanture,
De dire de la soye et de ses facultez ;
Et ce seroit à l'art, faire trop grand injure,
De mespriser l'effait de ses proprietez :

CCLXV.

Un simple brin de soye est d'une force telle,*
Qu'on seroit esbahy du poids qu'il levera,
Et la complexion de ce fil est si belle,
Que difficilement elle se corrompra.

CCLXVI.

La soye a des vertus tellement excellentes,
Qu'elle ayde à destourner beaucoup d'infirmitez,
Appliquée souvent aux parties dolentes
Fait ce que ne pouroyent les moyens usitez.

CCLXVII.

Facent les travaillez de chagrines harnies
En l'eau du Mareschal tiedir un escheveau,
Qu'ils le posent après sur les tristes parties,
Alors que l'on aura bien remis le boyau[1] :

---

1 Un traité de la seconde moitié du XVIe siècle fait état de l'utilisation, après débridement des hernies, de cataplasmes à base de bourre, de filasse ou de charpie – « laine surge ou estoupes » – trempée dans l'eau chaude ou vinaigrée – « *aqua fervida* » ou « oxycrate » – (*Petit Traité contenant une des parties principalles de Chirurgie, Laquelle les Chirurgiens hernieres exercent...Fait par Pierre Franco, Chirurgien de Lausane*, Lyon, Antoine Vincent, s.d. [*circa* 1560]). L'*eau du Mareschal* pourrait être une solution hémostatique à base d'eau *ferrée* – dans laquelle on a plongé un fer porté au rouge. L'appellation est absente de tous les dictionnaires et pharmacopées que nous avons consultés.

Sur les propriétés médicales de la soie, voir Ch. Estienne et J. Liébault : « ... la soye ne sert seulement de parure aux hommes, mais de remede singulier pour conforter le cœur malade, le resjouïr, et recreer les esprits tristes et ennuyez, ainsi que nous pouvons recongnoistre par la confection noble et Royale, appelée des Medecins Alkermes : laquelle estant composee de sa plus grande part de la

CCLXVIII.

Ne riez pas de nous vous qui avez la grace
De manier la soye, et scavez bien parler,
Nous disons Escheveau et vous dites Matace ;
Nous apprendrons les noms apprenans à filler.

CCLXIX.

Que j'ay de beaux secrets sur le bec de ma plume,
Que j'ay de raretez à vous communiquer,
Il ne s'en faut qu'un peu que le feu qui m'allume
N'évente les secrets que j'ay veu pratiquer :

[Dij]

[22 v°]

CCLXX.

Quoy ? s'il falloit conter la secrette puissance,
Qui est en ce sujet ? il faudroit trop de vers,
Et plus de mots bien dits que l'on ne trouve en France,
Durant le mois de May de ces precieux Vers.

CCLXXI.

Toutesfois je diray que la soye est si digne,
Qu'elle ne pare point un maraut reparé,

---

decoction et infusion de soye en jus de Kermes, prise par la bouche, est un remede souverain aux faillances et syncopes. » (*La Maison rustique*, chap. LXXXV, « L'utilité du ver filant la soye », f° 276 r°) Sur cet aspect, voir également Garzoni : « Non è la seta quella ch'allegra l'occhio, che consola la vista, che nutrisce il guardo, che raviva la luce, che dà gioia al cuore, che dà vita all'alma, che conforta i spiriti interni maravigliosamente, come tengono Avicenna, nel secondo trattato *De medicinis cordialibus*, e Serapione nel libro *De simplicibus*? Per questo si mette da'medici nel diamusco, nella confezione d'alchermes, nel siropo *de pomis*, *de corticibus citri*, e nelle spezie cordiali. Con questa divina materia non si fanno i lacci per le infirmità del capo ? Non si fanno le bende per li occhi lagrimosi ? Non si cuciono le ferite e le piaghe ? Non si pono ancora sopra la duramatre, quando il capo è ferito, come attesta il Falopio, e molti altri medici difendendo il cervello dalla putredine, e confortandolo maravigliosamente con la sua presenza ? » (*Piazza universale*, II, p. 1457-1458)

Mais un homme d'honneur un personnage insigne,
Ayant un peu de soye en est tout honoré.

CCLXXII.

Or n'allez plus courir ès contrées* lointaines,
Pour avoir de la soye ; Il en faut prendre à Tours ;
Vous aurez moins de soin, moins de coust, moins de peines,
Et ferez vostre emplette en beaucoup moins de jours.

CCLXXIII.

Sachez que nostre soye est si franche et unie,
Qu'il n'en est point de telle en tous autres quartiers,
Ce qu'elle a de parfait est qu'elle multiplie
De la huitiesme part ès mains des Tinturiers.

CCLXXIIII.

J'eusse peu prolonger cest abondant ouvrage
Mais cet œuvre eut passé le labeur de nos Vers,
Puis qu'ils vivent si peu la raison de leur age,
Veut que je tranche aussi le long fil de mes vers.

CCLXXV.

Tout ce que j'ay passé par faute ou ignorance
Sera restitué quand on m'advertira,
Il ne nous faut avoir qu'un peu de patience
Pour recouvrer le bien qui nous appartiendra.

CCLXXVI.

J'ay mis fort peu de temps à dresser ce mesnage,
Où mon cœur obstiné ces beaux Vers imitoit,
Ils sont prompts au labeur ilz y vont de courage,
Tel estoit le dessin qui pour lors m'incitoit.

[23]

CCLXXVII.

Je ne vous conte point la vaine fantaisie
Qui fonde son espoir sur innombrables fraix,
Je vous dy les effais de la Filosofie,
Qui rend de grands profits et ne trompe jamais.

CCLXXVIII.

C'est cecy dont il faut tenter l'experience,
Voicy le grand moyen d'assembler force bien,
Ce n'est point un discours mais c'est une science,
Qui de rien fait beaucoup et ne hazarde rien.

CCLXXIX.

Vous que les beaux desirs parfaitement eslancent,
Qui ne desirez pas la triste pauvreté,
C'est [c'est]* icy qu'il faut que vos dextres s'avancent,
Pour exercer l'effait d'active oisiveté.

CCLXXX.

Esprits qui recellez ès Cloistres vos merites,
Ames de grand loisir non propres aux travaux,
Si vos mains volontiers à bien faire sont duites,
Venez vous exercer autour ces animaux.

CCLXXXI.

Après que vous aurez satisfait aux offices,
Dans vos lieux spacieux establissez ces Vers,
Vous ne trouverez point de plus doux exercices,
Que de voir de ces Vers l'empeschement divers.

CCLXXXII.

Le voyageur n'a point tant d'aquit d'esperance,
Comme l'on void d'espoir à ce travail heureux,

Et quoy que le Marchand attende en patience,
Il n'a point de marché qui soit tant fructueux.

CCLXXXIII.

Encor si cettuy-là qui tente l'Alkemie
Entroit par le Mercure au profit tant avant,
On ne verroit tel art sujet à moquerie,
Car l'artiste pourroit recueuillir bien souvent.

[Diij]

[23 v°]

CCLXXXIIII.

On ne void point icy la vaine venterie,
De ceux qui font gaigner aux autres leur procez :
On void un grand profit qui croist sans piperie,
Dont le travail est saint, et heureux le succez.

CCLXXXV.

Aussi si l'on vouloit prendre garde à la France,
En soye comme en tout grande elle abonderoit,
Et n'en tireroit-on nostre chere finance,
Car par ce beau moyen on la conserveroit.

CCLXXXVI.

Tous les pauvres pourroyent soulager leur fortune
Si les François vouloyent se peupler de Meuriers,
Car ils rendroyent la soye entre nous si commune,
Que les pauvres vivroyent en servant les ouvriers.

CCLXXXVII.

Mille pauvres vivoyent autresfois en Touraine
Et plus de mille encor ès Antres d'alentour,
Car après qu'ils avoyent passé la grosse peine,
A la soye ils passoyent ce qu'ils* avoyent de jour.

CCLXXXVIII.

Il n'y avoit point tant de toiles d'araignées,
Qu'on y trouvoit par tout de guindres[1] Tournoyans.
Les filles y estoyent sans cesse embesongnées,
On ne voyoit que soye à la ville et aux champs[2].

CCLXXXIX.

Quand on consideroit tout ce pays de soye[3],
On y vivoit de peu car chacun travailloit,
On trouve maintenant le fay-neant par voye,
Et l'on donne l'aumone à cil qui la bailloit.

CCXC.

Si vous voulez oster d'entre vous la disette,
Après la soye encor remettez vos esprits,
Le gain est bien aquis, la richesse est parfaite,
Quand on voit reussir le dessin entrepris.

[24]

CCXCI.

Vous donq qui desirez d'une juste richesse
Honorer vos maisons eslevans vos petits,
Exercez vous icy comprenez cette addresse,
Et vous y trouverez d'admirables profits,

CCXCII.

Lors que de vostre guain vous trouverez le conte,
Vous scaurez de combien le bien multiplira,

1 Dévidoirs ou métiers à doubler les soies après le filage (voir plus haut, note 2, p. 88 et O. de Serres, *Cueillete*, p. 112).

2 *Cf. Cueillete*, *Epistre* dédicatoire, appendices, II, p. 169.

3 On pense évidemment au « pays de Satin » du *Cinquième Livre* de Rabelais (chap. XXIX et XXX) ; voir note suivante.

Là donc à ce labeur n'en ayez point de honte,
En vous enrichissant il vous anoblira.

CCXCIII.

Il ne deroge point à la noblesse illustre,
Et pour s'y exercer l'on ne deschet d'honneur,
Au contraire il en vient un magnifique lustre,
Qui leve le Marchand au degré de Seigneur.

CCXCIIII.

Icy est l'elixir, et l'or des Filosofes,
Icy sont les fillets de la riche toison,
Icy se trouveront les superbes estofes,
Dont par tant de labeurs se fit riche Jason[1].

CCXCV.

GARDETTE[2] qui m'avez mis au cœur cet ouvrage
Prenez garde de près à ce qu'il deviendra,
Icy est le profit icy est le dommage,
Par vous peut reussir* ce qui en adviendra.

CCXCVI.

Mon Roy s'il est ainsi qu'un Juge de Province,
M'ait si bien animé pour ce petit objet ?

1 Nouvelle allusion à la Toison d'Or (*cf. supra*, stropheXCI). La Toison d'Or se trouve également au pays de Satin : « J'y vy la toison d'or, conquise par Jason : ceux qui ont dit n'estre toison, mais pomme d'or, par ce que μῆλα signifie pomme et brebis, avoient mal visité le pays de Satin. » (*Le Cinquiesme et dernier livre des faicts et dicts Heroïques du bon Pantagruel...*, s.l., 1564, chap. XXIX, p. 131)

2 Magistrat de Tours, donné comme l'instigateur de l'ouvrage. Il s'agit vraisemblablement de Victor Gardette, qui fut conseiller du roi, juge et lieutenant général en Touraine, et mourut en 1616 (voir L. Bossebœuf, « L'Hôtel Goüin – notes historiques », in *Bulletin de la Société archéologique de Touraine*, t. XIII, 1901, p. 213 *sqq*). Sa femme figure parmi les « nymphes de Tours », célébrées par Michel Guy (voir plus haut, note 1, p. 44).

He que sera ce au prix, si toy qui es mon Prince
Me commandes d'eslire un plus digne sujet ?

CCXCVII.

Mais que me reviendra de si belle industrie ?
D'assembler ces labeurs dans ce petit labeur ?
Que ma Muse n'en soit d'aucun present suyvie,
Car elle ne souspire autre bien que l'honneur.

[24 v°]

CCXCVIII.

Mon BROCHARD[1] c'est à vous qu'en redonde la gloire
Si ma Muse a donné quelque contentement,
Tousjours (mon Mœcenas) il sera fait memoire,
Que vous estes auteur de mon avancement.

CCXCIX.

Je filois doucement cet ouvrage de Soye,
Lors que* HENRY IIII, au Piedmont s'exerçoit[2],

1 Selon V.-L. Saulnier, Pierre Brochard, sieur de Marigny, conseiller du roi, est l'un des mécènes de Béroalde lors de son séjour à Paris, entre 1583 et 1589 (« Etude », p. 226). Dédicataire du *Cabinet de Minerve*(1595) et du *Tableau des riches inventions* (1600), il est également cité dans *L'Histoire veritable ou le Voyage des Princes Fortunez* (1610) (voir Neil Kenny, « *Car le nom mesme de libéralité sonne liberté* : les contextes sociaux et économiques du savoir chez Béroalde de Verville » in *Béroalde de Verville, 1556-1526*, Presses de l'Ecole Normale Supérieure, "Cahiers V.-L. Saulnier" n° 13, 1996, p. 9). Verville lui rend encore un hommage qui ne manque pas d'originalité en créant, dans la *Pucelle*, le personnage du « chevalier Brochard », « l'Hermite guerrier », qu'il associe aux exploits d'une Jeanne d'Arc « revisitée » : « ... son nom est celui de ce *Brochard* qui liberal Mœcene m'a donné le loisir de rechercher la Pucelle dans les poudres anciennes qui la couvroyent. » (discours XXXI, « Devoirs de rencontre », f° 308 r°) Voir aussi les discours XXVII à XXXIV.

2 Si l'on s'en tient à la graphie et à l'usage moderne, le vers n'est évidemment pas acceptable du point de vue de la régularité prosodique. La seule lecture satisfaisante suppose l'élision du *que* et la prononciation *quatriesme* pour l'adjectif ordinal. Cette forme correspond d'ailleurs à la règle grammaticale de l'époque, dont Vaugelas et Patru déploreront encore l'abandon progressif : « Ils disent [...] au chapitre *neuf*, pour *neuvième*, Henry *quatre*, pour Henry *quatrième*.

Et que s'estant campé dans le cœur de Savoye
Pour chastier le Duc ses places il forçoit[1].

CCC.

Recevez Tourangeaux cet œuvre que VERVILLE
Formoit considerant vos occupations ;
Il a plus de vingt fois fait voir à vostre ville
Ce que peut son esprit par ses inventions.

Quelle grammaire et quel ménage de syllabes est-ce cela ? » (Vaugelas, cité par F. Brunot et Ch. Bruneau, *Précis de grammaire historique de la langue française*, Paris, Masson et Cie, 1933, p. 414)

1 Datation en forme d'hommage au souverain qu'on rapprochera des derniers vers des *Géorgiques* :

> « Hæc super aruorum cultu pecorumque canebam
> et super arboribus, Cæsar dum magnus ad altum
> fulminat Euphraten bello uictorque uolentis
> per populos dat iura uiamque affectat Olympo. » (IV, 559-562)

Henri IV avait déclaré la guerre à la Savoie en août 1600 afin de régler de façon définitive le problème toujours en suspens du marquisat de Saluces (voir plus haut, note 2, p. 101), le pape Clément VIII s'étant refusé à donner son arbitrage dans les délais prévus par le traité de Vervins. A l'issue d'un séjour de six mois à Paris – de septembre 1599 à février 1600 – le duc Charles-Emmanuel avait obtenu un nouveau sursis (traité de Paris) pour se décider à choisir l'une des options définies par les diplomates : soit restituer à la France le marquisat annexé naguère par Henri II, soit le conserver, moyennant la cession de ses territoires de la rive droite du Rhône. Irrité par l'attitude du duc, qui se dérobe et cherche à gagner du temps, Henri IV décide donc de le « châtier ». La campagne de Savoie se termine avec la capitulation de Montmélian, le 16 novembre. Le traité de Lyon, signé en janvier 1601, contraint le duc à abandonner à la France la Bresse, le Valromey et le pays de Gex ; il doit en outre verser une lourde indemnité de guerre, correspondant aux revenus tirés de la terre de Saluces (voir Jean-Pierre Babelon, *Henri IV*, Paris, Fayard, 1982, p. 850 *sqq.* et notre introduction, p. 12).

AU SIEUR DE
VERVILLE.

Ton renom à jamais VERVILLE*
Ces vers oiseaux honoreront,
Et sur leur æsle plus subtile
Jusques au Ciel le porteront.

C. de L'AILLÉE F.[1]

Stance LXII. ligne 4. lisez
Et semble revenir pour encor rajeunir.

1 Personnage non identifié. Le toponyme « l'Allier » et ses diverses variantes ne sont pas rares en Touraine (*cf.* Carré de Busserolle, *Dictionnaire géographique*...) On ignore s'il existe un lien entre le signataire de cette pièce et « frère Jan de Laillée », mentionné à deux reprises dans le *Moyen de parvenir* (chap. 39 et 49-50).

COQUILLES ET INTERVENTIONS SUR LE TEXTE
(les références renvoient à la strophe et au vers)

Pièces liminaires, [2] : original : un point-virgule en fin de vers.

Pièces liminaires, [4] : orig : *és* ; un point-virgule en fin de vers.

XVII, 68 : *sic*. La substitution du démonstratif au possessif, ici comme dans les deux occurrences suivantes, pourrait avoir une valeur emphatique.

XX, 80 : *sic*.

XXIII, 90 : *sic*.

XLVI, 184 : orig : *celà*.

LIV, 215 : orig : point-virgule.

LXII : orig : *Et semble rajeunir et encor revenir*. Dans l'exemplaire de la B.N.F. le vers a été raturé et corrigé à partir de l'erratum ajouté en fin de volume : « Stance LXII. ligne 4. lisez *Et semble revenir pour encor rajeunir*. »

LXIV, 254 : orig : *jous*.

LXVIII, 270 : orig : *embom point*.

LXIX, 273 : orig : virgule en fin de vers.

LXX, 277 : orig : *anenoit*.

LXXVII, 305 : orig : deux points en fin de vers.

LXXIX, 316 : *à les* est illisible dans l'exemplaire de la B.N.F.

LXXXVI : orig : *XXXXVI*.

LXXXVIII, 349 : orig : *Il*.

XC, 358 : orig : *l'sclair*.

XCII, 366 : orig : *receer*.

CI, 404 : orig : *miux*.

CXII, 447 : orig : *ce void*.

CXVII, 466 : *sic*.

CXXVII, 506 : orig : virgule après *accommodons*.

CXXVIII, 509 : orig : *s'osbcurcissent*.

CXXXI, 521 : orig : point en fin de vers.

CXXXI, 524 : orig : *un autre*.

CXXXIV, 536 : orig : *exttait*.

CLI, 604 : orig : *ce*.

CLII, 607 : orig : *agré.*

CLXXII, 688 : orig : *jamis.*

CCX, 837 : orig : *estoir.*

CCXIII, 850 : orig : *coulenr.*

CCXVII, 868 : orig : *Aayant.*

CCXVII, 868 : orig : pas de ponctuation en fin de strophe.

CCXIX, 873 : orig : *Ny.*

CCXXIII, 889 : orig : *Ni.*

CCXXIII, 891 : orig : *odorautes.*

CCXXV, 897 : orig : *Ny.*

CCXXVII, 905 : orig : *auimaux.*

CCXXXVII, 947 : orig : *ou.*

CCXLI, 963 : orig : point en fin de vers.

CCLVI, 1021 : orig : *se.*

CCLIX, 1033 : orig : point en fin de vers.

CCLIX, 1035 : dans l'exemplaire de la B.N.F. la fin du dernier mot, altérée, a été récrite à la main sur l'original.

CCLX, 1037, 1038, 1039 : *idem.*

CCLXI, 1042 : *idem.*

CCLXII, 1046, 1048 : *idem* ; ponctuation absente en fin de strophe.

CCLXV, 1057 : orig : point en fin de vers.

CCLXXII, 1085 : orig : *escontrees.*

CCLXXIX, 1115 : *sic* ; la suppression du doublon donne un vers boiteux sans que le sens s'en trouve affecté. On peut supposer que le terme manquant constituait une de ces chevilles dont le poème présente de nombreux exemples.

CCLXXXVII, 1148 : orig : *il.*

CCXCV, 1180 : orig : *reuissir.*

CCXCIX, 1194 : orig : majuscule à *que.*

Quatrain final, [48] : orig : *VIRVILLE.*

GLOSSAIRE

Ce glossaire est destiné à faciliter l'approche du texte au lecteur peu familiarisé avec le français préclassique. On y trouve donc un certain nombre d'entrées qui ne présentent, en principe, aucune difficulté pour un seizièmiste. Nous nous sommes efforcé de signaler les mots courants pris dans une acception inhabituelle. En revanche, il n'était guère possible de commenter de façon détaillée toutes les ambiguïtés sémantiques, les obscurités, les particularités lexicales propres à Béroalde, notamment les termes euphoriques ou passe-partout qu'il affectionne et qu'il est difficile de traduire hors contexte.

accommoder : soigner comme il convient (XLII, CVI).
affaire (se bailler de l'–) : s'activer, se donner du mal (CXXI).
age : époque (XXIV).
ais : plateaux ou tables pour l'élevage des vers (XLII, LXXX, XCI, CX, CC).
alenée : bouffée, exhalaison (LXXXII).
alteré : desséché (LXXXI).
ante : ente, greffe (CCXXXV).
appeter : rechercher avec appétit (LV).
aquit (par –) : pour s'en décharger (LXIX).
arondelle : hirondelle (XLI).
artiste : alchimiste (CCLXXXIII).
assiduel, assiduelle : assidu (CXXII).
ballier : balayer (LII).
bestelette : v. bestion (LVIII).
bestion : petit animal (VI, XXXVII, XLIII).
bogue : cocon (XVIII, CXLIX).
brosser : aller à travers bois (XLV).
capables : de dimensions suffisantes (CX).
cas (c'est grand – de) : c'est une chose particulièrement importante (CXXIV).
chagrin, chagrine : qui cause du tourment (CCLXVII).
chef : tête (CIX, CLXII).
compas (par –) : d'une façon parfaitement harmonieuse (CXX).
coque : cocon (CLVI, CLVII, CLIX, CLXXX, CCLVII).
coulpe : vice, imperfection (LXXVI).
courre : courir, s'affairer (XLV).
cure : charge (LXIX), soin (CCXXXII).
curer : entourer de soins (CCXXXII).
curieux : attentif, vigilant (LIII).
daymon : génie, esprit protecteur (CCXLVII).
deduire : disserter, discourir de (CXCI).

defaillir : faire défaut (LXX).
defleurer : flétrir (L).
dejetter : ôter, faire tomber (CCLIV).
deliberé : décidé (CCLVII).
denier : profit pécuniaire (CLXXXII).
deschet (*v. conj.*) : forme du verbe deschoir (3e pers. sing. ind. prés.) (CCXCIII).
desfiler : dévider (XVIII).
desfruner : dépérir (LXVII).
desnuer : dépouiller (LXII).
dessein : moyen, procédé (CCIV).
destiné : fixé par le destin (XXIV).
déterminer : conduire à sa fin (XCVI).
devoir (présent de –) : cadeau à titre d'hommage (XXI).
dolent, dolente : souffrant, douloureux (LXIX, LXXV, XCXV, CCLXVI).
dougé : fin, délié (X).
dougément : finement (XIX).
duire : amener, conduire (CCLXXX).
durer : continuer à vivre (XCIX).
effait : aboutissement, résultat (LXXV, CXXXV, CCI, CCLI, CCLXIII, CCLXIV, CCLXXVII, CCLXXIX) ; *n. pl.* : comportement, activité (III).
embesogner : occuper à un travail, employer (CCLXXXVIII).
empeschement : activité (CCLXXXI).
empocher : recueillir dans des sacs (XLVI).
empoule : cloque (CCXVI).
enclos : intérieur (CCLVI).
engence : génération, reproduction (III, CLXVIII), population (CXCIII), espèce (CCXL).
engin : machine, système mécanique (CLXXXVIII).
enter : greffer (LXXI, LXXII, CCXXXV).
enteur : celui qui greffe (LXXI).
enture : greffe (CCXXXVII, CCXXXIX).
esbat (prendre –, prendre ses –s) : trouver satisfaction (XXXIII), prendre plaisir (XCIII).
escacher : meurtrir, écraser (L).
eschiner (s'–) : se rompre le dos (XCVI).
esmeu : provoqué par (XC).
esmousser : débarrasser de la mousse (CCXXXII).
espendre (s') : découler (XVI).
esperance (de petite –) : dont on n'attend guère de profit (CCLIII).
essayer : éprouver, tester (XVIII, CXCIV).
essence : être, forme vivante (CCV, CCXLI).
estammer : agrémenter, assaisonner (LIII).
estindre : faire périr (CIII).
estofer : tisser (CLXXXVIII).
exciter : faire naître (CC, CCXL).

exprès : avec une attention particulière (LXIX).
fantastique : invraisemblable, né de l'imagination (XVI).
feuillure : interstice (LIX).
ficelle : filament (CXXII).
filandre : filament (IX, CXX).
filet : fil, filament (X, XVIII, XIX).
fillerie : action de filer (CXVI).
floüet, floüette : fragile, délicat (CCXV).
fondre : produire, être propice à l'éclosion (CXCVI).
fortune : condition, situation (CCLXXXVI).
frivole : dépourvu de valeur (VI).
fruition : bénéfice (CXLVI).
fuir : éviter, prévenir (XL).
fuitif, fuitive : preste, rapide (CLXI).
fuseau : v. fusée (XXVIII, CLV, CLXXIX).
fusée : cocon (XXI, XXII, CLIII).
getton : rejet, bouture (CCXXXIII).
gouvernement : élevage (titre).
gouverner : élever (XXXIX, CCLVIII).
grain : v. graine (CLXXVIII, CXCIV).
graine : œufs du ver à soie (CCIV).
gratifier : récompenser (LXVI).
gré (à –) : locution euphorique, de valeur adverbiale ou adjective : en abondance (CLII), favorable (CXCIX) ; *avoir à gré* : aimer (XCIII).
grillé : pourvu d'une grille, grillagé (XLI).
guindre : moulin à dévider la soie (CCLXXXVIII).
hanter : fréquenter (LXXXVI, CCXIX, CCXXXI).
harnie : hernie (CCLXVII).
hayent (*v. conj.*) : forme du verbe haïr (3e pers. plur. ind. prés.) (LXXXIX).
hazard (au –) : en comptant sur l'occasion (CLXXXV).
hazarder : risquer (XXVII, CCLXXVIII), confier au sort (CXCIX).
hazards (*n. pl.*) : dangers, risques d'accident (XL).
honneur : belle apparence (L, CLII).
huis : porte (LIX).
humeur : humidité (LXXX, CLVI), substance liquide (CXXXI).
infait : v. infect (CXLI).
infect : infecté, corrompu (LXXXV).
irriter : exciter, stimuler (LV).
jaunisse : coloration jaune (LXXXV).
labeur : par métonymie : fruit du travail, ouvrage (XXIII, CL).
ladre : atteint de maladie, de dépigmentation (CCXIII).
lairrons (*v. conj.*) : forme du verbe laisser (1ère pers. plur. ind. futur) (CXCIII).

las : lacs, cordon (CXC).
lasché : flasque, distendu (LXIV).
lasche : mou (LXVIII).
lever : soulever (CCLXV), élever (CCXCIII).
liqueur : substance liquide (LXXXV).
malin : malsain, nocif (LXXVI, CCX).
maraut : maraud, individu méprisable (CCLXXI).
matace : matasse, écheveau de soie brute (CCLXVIII).
membrane : parchemin (XIV).
menager (*v.*) : vaquer aux tâches domestiques (XLV).
menagere (*n.*) : v. mesnager, mesnagere (*n.*).
mesnage : train de la maison, économie domestique (XXI, XXVIII, CCXXX, CCXLIV), travail, occupation (CCLXXVI).
mesnager, mesnagere (*adj.*) : industrieux (XIII, CXX, CCXXVIII).
mesnager, mesnagere (*n.*) : maître ou maîtresse de maison, personne experte à gérer les affaires du logis (XXII, CX, CCXXVIII, CCXXIX, CCXLI).
mez : mets, nourriture (LI).
mignard, mignarde : caressant, délicat (XCII, CLXIX, CCXVIII).
mignarder : entourer d'attentions, câliner (CCV).
mitonner : laisser reposer (XLVIII, XLIX).
mol, mole : souple (CXXIV)
molester : blesser, irriter (CCXVI).
mousse (*adj.*) : arrondi (CLV).
net, nette : propre (XXXIX, CCVII).
nettement : en état de propreté (LIV).
observer : s'occuper de (LIV), veiller à (LXXXVI, CIII), repérer (CLIV).
ocieux : oisif, inactif (C).
oit (*v. conj.*) : v. ouïr.
ondées : exhalaisons, effluves (CCXXIII).
ord, orde : infect, repoussant (CXLI).
ordonner : organiser (CXX), fixer, établir (LXVI) ; *viande ordonnée* : ration, quantité de nourriture attribuée aux vers (XLIX, LXV).
ores : maintenant (XXXVIII, CXXVIII, CLX, CCXVIII).
orrez (*v. conj.*) : v. ouïr.
oüïr : entendre (LVII, LVIII, LXXXIX, XCIII).
ouvré : à ouvrage, orné de motifs de broderie (CLXXXIX).
ouy, ouye (non –) : inouï (CCLV).
oyent (*v. conj.*) : v. ouïr.
parentage : lignage, parenté (XXIV).
passer : omettre (CCLXXV).
passion : lésion, maladie (CCXVI).
patron : modèle (CLXXXIX).

peine (à –) : difficilement (XLIV, CCII).
penser : nourrir (XLII, LXIX, XCI).
pertuis : trou, ouverture (XL).
pestilence : miasmes (CCX).
petit (un –) : un peu (XXV, LIII, CLV, CLXXV).
piperie : tromperie, malhonnêteté (CCLXXXIV).
pristine : passé (CCL).
prouvoir : pourvoir (CC), avoir soin, faire en sorte (LXXXVIII, CLXXX) ; *v. pron.* : se munir (CLIII).
providence : prévoyance (LXXIX).
provin : tige qui prend racine, marcotte (CCXXXIII).
quant (– et) : avec (CXXVII).
quantes : quelles, combien de (CLXXXV).
quartier : lieu (CCLXXIII).
raporter : rassembler (LVIII).
recueuillir : parvenir à un résultat (CCLXXXIII).
redonder : revenir (CCXCVIII).
relevé : élevé, ayant pris son vol (CLXVI).
remarque : indice, signe extérieur (XXIX).
rencontre : hasard (XVIII) ; *n. plur.* : allusions, correspondances (CXLV), conjonctions planétaires (CXCVI).
rencontrer (*v. intr.*) : réussir grâce à un concours de circonstances (CCLXIII).
repaistre : se nourrir, se rassasier (CI, CIV, CLX).
reparé : qui cherche à se donner bonne apparence (CCLXXI).
respirer : traverser, passer à travers une paroi (en parlant de l'air) (CLI).
revenir : reprendre vie (LXII, LXV).
revoquer (de mort –) : ramener à la vie, ressusciter (CCLIII).
sein : bien portant (LXXIX).
selle : tabouret (XCI).
serrer : recueillir, récolter (XXVIII), conserver (CLXXVII).
simples (*n. plur.*) : plantes aromatiques (LXXXVII).
soigner (– de) : veiller à (LXXIII).
soin : souci, préoccupation (CVII, CXIV, CXVI, CXCXIV, CCLXXII).
sonneur : celui qui joue d'un instrument de musique (XCII).
soucy : attention vigilante (LIV, LXXVIII).
souler, soûller : gaver, rassasier (XLIX, LX).
successivement : par la suite (CLXXIV).
tabour : tambour (LXXXIX).
tant que : jusqu'à ce que (XCIX, CXXII).
tost (aussi – que) : aussi vite que (LXVI).
tourment : fracas (XCI).
travailler : tourmenter, faire souffrir (CCLXVII).

triste : souffrant (CCLXVII).
vain, vaine : exténué (LXXXV), vide (CLXIII), inutile, sans profit (CCLXXVII, CCLXXXIV).
vaisseau : réceptacle (CL).
vesleuse : qui met bas, en parlant d'une vache (CCLII).
venterie : forfanterie (CCLXXXIV).
verd (*n.*) : verdure, feuillage (LXXIII, CCLIV).
verdoye : couleur verdâtre (CLII).
vermine (*n. collectif*) : vers (LXXXI, CCVII).
vers : envers (LXXII).
viande : nourriture (XLIX, LXV, LXVI, CI, CXV, CLX) ; *viande ordonnée* : v. ordonner.
vivre (*n.*) : nourriture (CII).
voye (par –) : errant par les chemins (CCLXXXIX).

APPENDICES

Les textes figurant en annexe, à titre de documents de référence ou d'illustrations, transcrits sous une forme proche du fac-similé, n'ont fait l'objet d'aucune intervention critique ; les graphies, la ponctuation et l'accentuation originales ont été conservées, en dépit de leurs singularités. Seules les abréviations et ligatures typographiques désuètes ont été résolues ; pour les textes français, /i/ et /j/, /u/ et /v/ ont été dissimilés conformément à l'usage.

Pour *La Cueillete de la soye* et les extraits de *La Seille aux bourriers*, pagination, signatures et manchettes sont indiquées entre crochets droits. Le poème du *Bombyx* de Vida étant extrait d'un recueil d'œuvres diverses qui a connu de nombreuses éditions, nous avons jugé plus commode d'en numéroter les vers afin de retrouver les passages signalés dans les notes.

I.
MARCO-GIROLAMO VIDA
DE BOMBYCE

(Texte reproduit à partir de l'édition lyonnaise de 1541 : *Marci Hieronymi Vidæ Cremonensis, Albæ Episcopi Opera, Lugduni, apud Seb. Gryphium* – BMU Clermont-Ferrand 45450)

M. HIERONYMI VIDAE CREMON.
BOMBYCVM LIBER PRIMVS

Quos mores, quas aut paruis reptantibus artes
Iuppiter addiderit, quæ fila tenacia Serum
Ore uomunt saturæ, uos mecùm euoluite Nymphæ
Seriades. uos lanifici gregis aurea nostis
Munera, quæ pater Italiæ prior intulit olim
Serius huc patriis Serum deuectus ab oris.
Tuque ades, et nostro succurre Isabella labori
Nympha Padi in ripa magnis è regibus orta,
Quæ gentem pulchra auxisti pulcherrima prole
Gonzagam, exiguis ades huc non aspera cœptis.
Et uos ò placidæ properate, ubi quæque, puellæ.
Vestrum opus, hos uestros faciles hîc discite cultus.
Id tineæ in syluis multis uoluentibus annis
Gentibus ignotum uixit genus. aurea frustra
Edebant opera umbriferis pendentia ramis :
Nam pluuiæ, lateque immites omnia uenti
Vastabant, tenui nec honos, nec gloria filo
Vlla erat, in syluis ceu quondam more ferarum
Degebant homines antiquo robore nati.
Nondum urbes, nondum certos gens dura penates
Nouerat, aut ullas uitam excoluisse per arteis.
Verùm postquàm homini diuini est muneris usus
Traditus, in tectis, atque intra septa domorum
Syluestres tineas alere, atque impendere curam
Cœpit, opes multi hinc ad summas emersere.
Quamuis esse aliquas etiam nunc fertur in oris
Longè aliis gentes, quæ nondum in tecta relatas

Per lucos errare sinunt, nulloque labore
Fila suo carpunt oneratis mollia ramis.
Namque malo assuetæ arboribus frondentibus illæ
Pubentes syluas, et quæque tenerrima carpunt,
Iniussæque instant operi. non horrida multum
Flabra nocent, neque prouisi prudentibus imbres.
Quippe, ubi senserunt in nubes aëra cogi,
Diffugiunt trepidæ, folliisque sub omnibus hærent.
Securæque hyemis uelut alta ex arce sonantes
Accipiunt Austros, pulsataque robora nimbis.
Sed tu ne, moneo, in syluis permitte uagari
Incustoditas, nec curam adhibere recusa
In tectis. huius non gratia parua laboris.
Haud longum tempus fluet, et iam stamine multo
Diues eris, filoque ibis spectabilis aureo.
Principio ne te lateat quæ tradita agendæ
Sint illis uitæ spatia. breuis omnibus ætas,
Vix ulli Lunæ completur tertius orbis,
Et numquàm ex sese prolem uidere creatam.
Intereunt omnes, pecus occidit omne quotannis,
Et cunctam euertunt fera fata ab origine gentem.
Immortale tamen restat genus his, neque morti
Est penitus locus, æternùm nam semina durant.
Ceu quondam syluæ si fortè aut frigore diro,
Aut æstu arescant summæ, tamen abdita quædam
Vitalis superat uis in radicibus imis,
Et trunco exciso noua uere repullulat arbos.
Non secus extinctis bombycibus annuus ortus.
Vsque noua in regnis proles succedit auitis.
Ne uerò ante diem, sed tempestiua creata
Sit soboles. ueto ne reuoces in luminis oras
Progeniem extinctam, attonsis cùm gramina campis
Nondum ulla, aut frondes apparent arbore nullæ.
Antè noua incipiat morus reuirescere sylua,
Ne'ue fames teneris, ne'ue obsint frigora alumnis.
Ipsi etiam morum agricolæ, ne tempora fallant,
Obseruare solent, nam cùm sese illa uirentem

Induit in frondem, nostris tum protinus oris
Excessisse hyemem, et manes abiisse sub imos
Nil dubitant. nec sæua ultra pecori'ue satis'ue
Frigora'ue, glaciem'ue timent, canam'ue pruinam.
Præterea tibi Lunai gelidæ incrementa
Sunt seruanda. senescentis fuge tempora læua.
Nec tum etiam liquidis cùm sese nuper ab undis
Extulit Oceani, pallentesque humida uultus
Ostendit gracili incedens per inania cornu,
Vtile erit teneros ouis excludere fœtus.
Expecta cùm plena animis, cùm lumine largo
Solis ab igne tumens, altumque per æthera uecta,
Carpit iter, fratremque audet se attollere contra.
Tum fas fœturæ, tum iustum incumbere tempus,
Quandoquidem ualidas crescenti à lumine uires
Semina concipiunt genitalia. tum fauet æther,
Maioremque trahunt nascentia membra uigorem.
Quo foueas autem pacto ? mos ipse fouendi
Haud simplex : sunt quæ calido sub sole relinquunt
Oua, recens donec fœtus in luminis auras
Prodierit : tu conde sinu uelamine tecta,
Nec pudeat roseas inter fouisse papillas,
Si te tangit honos, et flaui gloria fili.
Cumque dies, alterque dies processerit, ecce
Cernere erit formis animantia feruere miris.
Ante opus omne tamen pete matutina Deorum
Limina, ferque preces supplex, Diuisque litato
Auspicibus cunctorum operum, cùm mane sacerdos
Sinceram Cererem, et Lenæum libat honorem.
Nec non lanicii florem uelamina prima
Suspendes templis. auertunt omnia fœtu
Munere placati Superi mala, frigora, et æstus,
Et quæ multa solent bombyci instare pericla.
Intereà populis sedes, et tecta futuris
Ipsa nouare iube, tabulataque uicta senecta.
Non aptæ sine sole domus, sine luce penates.
Sed duplices recta lumen regione fenestræ

Admittant, quarum surgentes altera Phœbi
Spectet equos, fessos contrà altera, iamque cadentes.
Tum uiri pellucentes opponere quadras
Hinc atque hinc iubeo, lini aut firmissima texta,
Vt neque concutiant uenti, neque nubila nimbis
Conspergant, obsitque intus penetrabile frigus.
Nec postrema fuit cautis prætendere cura
Retia rara, auium insidias, et callida furta
Auerte. illudit passer custodibus olim
Improbus illudit chortis cristata uolucris.
Dant stragem passim rostris immitibus, implentque
Ingluuiem, ac uiuo uiua abdunt corpora busto.
Nec, quibus est tineæ felicis copia multa,
Parietibus sedem affigunt, sed quatuor æquis
Tectorum in medio erectis hinc inde columnis
Plurima suspendunt tabulata, aulæque per altos
Surgunt mille gradus, digestæque ordine sedes.
Tuque etiam, uariæ ut nequeant irrepere pestes,
Parietis antiqui uitium ne neglige segnis :
Sed calce, aut creta linito, atque angusta uiarum
Quæque time. mus sæpe cauis sese abdidit imis
Luce latens, at cùm in tenebris cinis occulit ignem
Sopitum, indulgetque graui custodia somno,
Improbus egreditur tutis ad furta latebris,
Et citus irreptat tabulis, sæuitque per omnes
Cæde madens aulas, prædamque auertit ab altis
Porticibus satur, atque cauis epulatur in antris.
Molire insidias, deceptum carcere claude,
Ignarusque doli ipse sibimet uincula nectat,
Dum petit ostensam confidentissimus escam.
Quædam etiam trabibus, quibus omnis machina rectis
Nititur, auxiliantur, et imas sentibus armant
Sentibus, et tribulis, ac iuniperi hirsutæ
Vulnificos addunt gladios, circùm undique ut hostis
Indeprensus eat saltem per uulnera mille,
Nec referat captam multò nisi sanguine prædam.
Verùm age uix tenebras pepulit lux tertia rebus,

Ecce sinu incipiunt tepido calefacta moueri
Semina, iam uisenda nouis animalia formis
Irrepunt, passimque albis mantilibus errant.
Nec uerò iam tum hæc thalamis sublimibus infer.
Exiguus primùm capiet sobolem locus omnem,
Corpora deinde auctæ cunabula prima relinquent.
Tum cunctam in populos, in uicos diuide gentem,
Diuisasque dabis sedes, secretaque regna.
Nec satis hoc semel. at quoties his arcta uidebis
Esse domus spatia, augentur dum corpora cuique,
Has toties legere, inque nouas diducere sedes
Ne dubita, donec tabulas impleueris omnes.
Nec tamen intereà paruas non pascere oportet.
Vt primum hauserunt cœli auras, pabula poscunt,
Assuescunt iam tum dapibus, mensasque requirunt.
Sed prodest, nondum thalamos experta puella
Prima manu tenera teneras si pascat alumnas.
Primam autem mori pubem, atque tenerrima semper
Quæque legunt, dum grex tener est, atque inscius æui.
Continuò ueterum ueluti memor ille parentum
Agnoscit uescas frondeis ipsasque recentes
Deposcit. nam si plenis seruentur in horreis
Hesternæ, dulcis succi corrumpitur aura,
Et sopor ingratus subit, atque inamabilis haustu,
Mane petunt igitur syluas, et quaque reportant
Pabula lecta die famulæ, gratumque laborem,
Sortitæ inter se folia illibata canistris
Expediunt, legit illa, domum fert altera lecta,
Instaurant aliæ mensas, epulasque ministrant.
Pabula larga superiaciunt pecus omne tegentes.
Protinus emergunt tineæ, folioque iacenti
Victrices super assistunt, omnisque iuuentus
Vescitur, atque auidæ dapibus implentur opimis.
Fit strepitus, longè qualem olim sæpe solemus,
Cùm pluit, in tecto clausis audire fenestris.
Nec mora nec requies, properant, et grandia morsu
Attondent folia emensæ, redeuntque, iterumque

Incumbunt, longam nequeunt explerier aluum,
Dum superant frondes, et plenæ pabula mensæ.
Tuque ideo parcis epulas moderare canistris,
Terque die tantum pasces, nam prodiga cunctam
Si frondem simul effundas, sine more, dapesque
Accumules, mensasque oneres, auertitur ultro
Ingratam saturum morum pecus, atque repentè
Ipsa parit largi fastidia copia uictus.
Paulatim inuita, metuant sibi pabula semper
Deficere, expectentque dapes. prius iniice ludens
Frondem unam, ac certare sine, illæ protinus omnes
Arrexere animos cupidæ, prædamque capessunt
Certatim, pariterque ingens subit ardor edendi.
Tum demum solitas epulas effunde canistris,
Dum dapis optatæ fuerit compressa libido.
Sed ne longa fames noceat tamen aspice prudens,
Dum nimium differs epulas, et gaudia mensæ.
Nam soliti impastis si desit copia uictus,
Nulla mora est, miseras macies deformat iniqua :
Pabula deinde parum exhaustis duplicare iuuabit,
Et uix longa dies lapsas in pristina reddet.
Dira fames adeò nocet, ac penuria edendi.
Quin etiam haud parui mutari pabula refert.
Est bicolor morus, bombyx uescetur utraque,
Vtraque grata illi, cui uerò assuerit, eandem,
Nigra, albens'ue fuat, nullo discrimine amabit,
Quamuis Ausoniis laudetur nigra puellis.
Forte etiam si deficiant folia omnia mori,
Et subitò syluæ (Dii talem auertite casum)
Thysbææ arescant nimio æstu, aut frigore, quæris
Quasnam tum, pereant'ne res tibi funditus omnes
Bombyci iubeam legere, et summittere frondes.
Orandi superi eueniant ne talia nobis,
Si tamen urgeris, conscendat robora pastor
Vlmea per syluas, et summa cacumina carpat.
His etenim arboribus multum est affinis origo,
Iamque ideo agricolæ morum didicere per agros

Inserere umbrosæ ramis ingentibus ulmi,
Et steriles syluæ nunc dant bicoloria mora.
Sunt aliæ, quæ, si fœtus sibi nascitur antè,
Quàm Thysbæa nouis adolescat frontibus arbos,
Vrticamque, rubosque legunt, dum plurimus humor
Vere subest. at tu teneris tunc parce puellis,
Crura, manusque arment facito, nec robora dura
Ascendat permitte in syluis innuba uirgo :
Verùm operum patiens anus, et cui durior annis
Sit cutis (ingratæ facilis iactura senectæ)
Munere fungatur tali, ne fortè quis altis
Egressus syluis Satyrorum è gente procaci
Suspiciat, teneræque pudor notet ora puellæ.
Illa quoque in primis cura est, ut pabula semper
Sicca legant, nullaque fluant aspergine syluæ
Aut pluuiæ, aut roris nocturni. quippe uenenum
Sæpe fuit quamuis tenuis bombycibus humor.
Nunquàm igitur, cùm nox horis silet intempestis,
Accedant syluas : expectent dum gurgite Eoæ
Tethios exierit, sursumque eduxerit omnem
Collectum noctis humorem purpureus Sol,
Et iam tres scandens supra alta peregerit horas.
Quòd si fortè etiam fuerit tunc humida sylua,
Vt potes, è foliis stillantem decute rorem.
Profuit et, siquando matutina pruina
Perstrinxit teneras frondes, ostendere Soli
Cratibus impositas, et frigora uincere flammis.
Cumque tibi fuerint suspecti denique nimbi,
Appropera, calathos cape, moros scande, ministras
Voce uoca, mitte in syluas, sine lege legunto
Obuia quæque, penum foliis atque horrea comple,
Ne, dum sæuit hyems, perdant ieiunia pubem
Laniuomam, at parta securæ fronde fruantur.
Quòd si adeò subitum citò non præuideris imbrem,
Ne turpi rigeat, macieque, fameque senescat
Omne pecus, ualidos in syluas mitte colonos,
Qui tibi utraque manu nunc huc, nunc robora et illuc

Crebra agitent, frondem patulis tu impone canistris
Rorantem, quando fatis urgemur acerbis.
At labor intereà famulas exerceat alter.
Cura sit hesternæ semesas tollere mensæ
Relliquias, tabulisque immundam auertere uentris
Proluuiem. mane antè, pecus quàm pabula gustet
Tergendæ sedes, et gramina peruerrenda.
Tum Bacchi irrorant gratum bene olentis odorem,
Purgatisque abigunt tabulis tristem omnibus auram.
Hinc leuiter digito medicatis sedibus omnes
Traducunt cœtus lætos melioribus auris,
Nec super extremas errare licentius oras
Permittunt. semper media ad penetralia cogunt,
Præcipitesque timent lapsus, altasque ruinas.
Huic generi facilis leti uia. protinus ægras
Delapsæ effundunt animas, lucemque relinquunt.
Siqua tamen superest, et cœli uescitur aura
Post casum, inspicito. nam si pars corporis ulla est
Læsa tibi deprensa, aliarum sedibus ultro
Proiice, nec frustra libeat tibi pascere inertem.
Nullam operam omnino, nullum expectabis ab illa
Certum opus. ignauum deducet inutilis æuum,
Et comitum egregias tantùm mirabitur arteis.
Sæpe etiam impastas auerti pabula cernes,
Sopitasque graui ueluti torpere ueterno
In tabulis : hîc parce metu, ne corpora morbus
Fortè aliquis, gentemque lues inuaserit ægram.
Hunc illis morem, natura hunc ipsa soporem
Addidit, indulgent somno, stratisque quiescunt,
Sopitisque dies alter transibit, et alter.
Cùm uerò expulerit noctem lux tertia rebus,
Consurgent, lætæque ad pabula nota redibunt.
Ergo illas tumidas iubeo obseruare. nec ingens
Nosse labor, ne improuisus sopor occupet. ultro
Signa dabunt ipsæ. cœlo capita ardua tollent
Arrectæ, spernentque dapes. tum pigra notabis
Corda, animos resides insueta silentia mensis.

Non tamen adueniet somnus simul omnibus idem.
Insomnes aliquæ uigilant, dum turba quiescit
Cætera, nondum aptæ, teneros quibus alliget artus
Irrepens sopor. aduenient sua tempora et illis,
Atque omnes tandem demittent lumina somno.
Cura sit intereà insomnes legere, atque uagantes,
Secretasque aliis aliam citò transfer in aulam.
Sopitæ stabulent simul : his par omnibus ætas.
Vnà operi incumbent, et eodem tempore sese,
Artibus exoluent suprà ad conuexa uolantes.
Dumque Deus stratis, thalamis'ue silentibus ales
Regnat Lethæo perfundens corpora rore,
Pabula subtrahito solita, frondemque negato.
Nam tumidæ intereà renouant torpentia alumnæ
Corpora, et exuuias ueteres, ac tegmina ponunt,
Et nitidam induitur pubes renouata iuuentam.
Ceu fodêre domos serpentum ubi lubrica turba
Sub terram ueniente hyeme, stant frigore inertes,
Dum redeat terris tepidi clementia ueris,
Tum demum egressi, ad solem squalentia terga
Conuoluunt posita turpi cum pelle senecta :
Annuus hic illis mos, ab bombycibus ipsis
Ter pigra, dum uiuent, renouabit corpora somnus.
Iamque age, iam grandes fœtus, iam ducitur ætas
Vltima, turgenti filum tralucet in aluo
Omnibus, accingunt alacres, operique parant se.
Pabula iam saturæ fugiunt. noua quærere regna
Ardor agit. tollunt oculos, arrectaque terga.
Omnia uestigant latè loca, sicubi rami
Arbutei, per quos sua possint tendere fila,
Atque nouis priscos cupiunt mutare penates,
Et tabulæ extremis pendentes sedibus hærent.
Tum famulæ properare, omnes prouisa parare
Sarmenta, et steriles tectis inferre genistas.
Iamque illæ antiquas sedes supera ardua linquant,
Atque noua hospitia inuadant per uimina lenta
Demissæ, nisi succurrat nuruum ocyus omnis

Hinc atque inde manus durum miserata laborem.
Ipsæ nam manibus secernunt grandia natu
Corpora iam matura operi, iamque apta labori,
Per ramosque locant arentes agmina densa.
Summotas alias arcent, dum funditus omnes
Corporeæ excedant labes, ac temporis orbe
Perfecto sua cuique dies exemerit omnem
Alui insynceræ illuuiem, purumque relinquat
Lanicium, et fili tralucens simplicis aurum.
Sic ubi nitescunt pendentes uitibus uuæ,
Paulatim liquor ille intus rarescit, et aureus
Accedit color, elucent purissima musta.
Tum demum tabulis passim sarmenta relictis
Complerunt omnes, perque atria uirgea lætæ
Exercentur, et effundunt quæsita per æuum
Stamina ditis opes uteri, suspensaque densos
Fila regunt inter ramos, atque ordine ducunt.
Mille legunt, releguntque uias, atque orbibus orbes
Agglomerant, cæco donec se carcere claudant
Sponte sua. tanta est edendi gloria fili.
Mox autem clausæ interius circùm undique lecta
Stamina condensant, teretisque oui instar opus fit.
Nullæ operum immunes. est omneis cernere passim
Noctes atque dies niti præstante labore,
Et quasi de palma summas contendere uires.
Aspicias quasdam incipere, primumque laborem
Tendere adhuc, quasdam obscuro iam carcere clausas.
Ast aliæ uelut in nebula, fumoque nigrandi
Nunc etiam apparent properantes intus, et omnes
Fas oculis spectare uias, uariumque laborem.
Quin et nonnullæ paribus communia curis
Associant opera, et nebula clauduntur eadem.
Quædam adeò (uisu miserabile) sæpe repertæ,
Dum tendunt superare alias, instantque labori,
Vitam opere in medio clausæ sub nocte dedisse
Ante diem ah miseræ. iacuit labor interruptus.
Parua mora est tamen. ut se aliæ inclusere latebris,

Extremoque manum summam imposuere labori,
Exhaustæ intereunt omnes, terrasque relinquunt.
Ite animæ egregiæ, fortunatæque laborum
Vltro in fata alacres. uobis nempe altera fato
Corpora debentur, uobis miserata priorem
Eripiet formam Venus, atque ad dulcia reddet
Lumina, et aëreas rursum reuocabit in auras.
Prima Venus ducuit bombycem in tecta referre
Eductam syluis, atque hanc impendere curam.
Antè homines nati durum genus ilice rupta
In syluis nudi degebant more ferarum,
Necdum ullus lini, necdum ulus uelleris usus.
Verùm dura hyemis pellebant frigora, noctisque
Humorem fruticum se frondibus inuoluentes,
Et liquidos imbres uitabant arbore tecti,
Per noctemque cauis latitabant rupibus hirti.
Hîc illic mixti latos impune per agros
Cum nudis nudi iuuenes errare puellis.
Ast ubi crescenti paulatim cognitus orbi
Irrepsit pudor, exuuiis cœpere ferarum
Aut tergo bouis, aut uillosi pelle Leonis
Se tegere, et coriis inuoluere mollibus artus.
Ipsi etiam nudi degebant æthere in alto
Cœlicolæ, cœlique nurus discrimine nullo.
Prima Deùm Pallas docuit committere campo
Enodis lini segetem, et tondere bidentem
Lanigeram, ac tenui telas intendere filo.
Illa quidem primùm uario se ornauit amictu
Egregiam picto pallam circumdata limbo.
Mox alias etiam texit ditissima diuas.
Nec mora, deinde nouam ostendit mortalibus artem.
Tantùm nuda Venus mœrebat muneris expers
Egregii, ob formam textrici inuisa Mineruæ,
Atque irrisa diu super Idalium frondosum
Se natosque suos in syluis condidit atris,
Cui pòst optanti Fors et Deus attulit olim
Auxilium. nam Peliacis te in montibus altis.

Phyllira Nympharum pulcherrima montanarum,
Saturnus captus forma, et florentibus annis
Viderat errantemque, et gramina certa legentem.
Ah quoties præcipuus Nympham Deus aspernantem
Tentauit supplex, ingrataque munera uerbis
Addidit ? ah quoties nimbosis montibus errans
Matutinus iter tulit, et monstrauit in agris
Præsentes morbis herbas. usumque medendi !
Illa auersa Deum semper fugiebat amantem.
Quid faceret ? Venerem supplex adit ipse, rogatque
Auxilium, et meriti promittit præmia tanti.
Diua monet duræ frustra præcordia Nymphæ
Tentari, nulli pectus penetrabile amori,
Nec precibus : nec muneribus mutarier ullis,
Fallendamque dolis tantùm, furtisque domandam.
Ergo se in faciem subitò transformet equinam
Imperat, et pascat qua gramina sueuerat illa
Quærere, ut ignaram furto aggrediatur opertus :
Nec mora præceptis, hinnitu Pelion altum
Clausus equo Deus impleuit, uotoque potitus
Vi tenuit frustra pugnantem, et multa recusantem.
Exin promeritæ Veneri pro munere magno
Semina clausa dedit niueo tenuissima linteo,
Et meriti memor his, inquit, pulcherrima texes
Diua tibi insignes tunicas nihil indiga lanæ,
Aut lini, quæ dona negat tibi iniqua Minerua.
Hinc præcepta dedit, diuinam et prodidit artem,
Quam primus, nati fugeret cùm protinus iras,
Deprendit solis meditando in montibus olim.
Insuper admonuit uenturi præcius æui
Quondam aliquos, sed enim multò pòst, affore uates,
Qui totum canerent præclara inuenta per orbem
Gratum opus Ausoniis, dum uoluent fila, puellis.

M. HIERONYMI VIDAE CREMONEN.
BOMBYCVM LIBER SECONDVS.

Rursus ades Nympha, inceptum iam perfice munus
Ò decus Italidûm fortunatissima matrum,
Quæ fastas fessæ Italiæ miserata ruinas
Haud dubias pulchra spes nobis prole tulisti.
Tu iam læta tuos natos præstantibus ausis
Cœlicolas ipsos supra se ferre uidebis.
Aspice iam quantas ostentet corpore uires
Federicus puer, ut uultu decora alta parentum
Spondeat, ut ueniant scintillæ ardentis ab ore,
Fragrantesque micent oculi, utque horrentia semper
Bella sonet, puerique agitet se pectore Mauors.
Iamque adeò nunc arma placent, iam feruidus acri
Gaudet equo, indomitusque animi, cupidusque pericli.
Hunc iam regna Asiæ metuunt, oriensque subactus
Gangesque, Tygrisque tremunt, atque Indus Hydaspes.
Sæpe hunc Euphratæ propter uaga flumina Eoæ
Bellantem aspicient multa inter millia matres,
Horrescentque animis hostem, pariterque timebunt
Egregio iuueni, cœcoque urentur amore
Præstanti captæ forma, et iuuenilibus annis.
Gaudia mox trepidæ referet tibi quanta reuertens
Vltus auos Graiùm, Solymorumque eruta templa ?
Tunc illum Minci in ripis facta ampla canentes
Carminibus tollent sublimem ad sidera uates.
Lanificas nos intereà reuocamur ad artes.
Frondosæ inuitant rursus sub tegmine mori
Seriades, grataque legunt è fronde coronam,
Quando nondum ausim laurum sperare superbam,
Aut caput intonsis hederarum innectere ramis.
Ergo age, sarmentis dum se super aurea bombyx
Exercet, nitidumque edit de pectore filum,
Nempe tu intereà prorsus nihil indiga curæ est,
Dum nouies roscus se lauerit æquore Titan,
Disce laboranti pecori non pigra mederi,

Tristibus et morbis occurrere. uos quoque nostri
Paruæ animæ exercent per tot discrimina casus,
Vestraque pallentes infestant corpora morbi.
Corrupta siue illa lues cœli influit aura,
Seu uitio infectæ frondis, gens labitur ægra,
Et cœtus subitò serpunt contagia in omnes.
Inuadit mors, intereunt data corpora leto,
Et thalamis passim tetro manantia tabo
Fusa iacent : perit omne pecus, spes irrita fili.
Dii teneros, Dii uos fœtus arcete periclis,
Cùm nomdum morbis præsentes omnibus herbas
Monstrarit natura, hominum'ue industria solers
Nondum morborum causas deprenderit omnes.
Multa tamen, longo quæ nos inuenimus usu,
Quæque alii docuere, tibi nunc dicere pergam.
Nil adeò tineis fuerit præsentius ægris,
Quàm subitò è medio iucundo lumine cassas
Tollere, ne totam perfusa cadauera tabo
Latius incestent miserando funere gentem
Nec minus inde tibi tristis contagia cœli
Sit studium uitare. iuuat cùm lucidus æther,
Cùm noctis gelidum Sol rorem sustulit, et cùm
Inter se alpinus Boreas, atque humidus Auster
Pacem agitant, uitro detracto aperire fenestras,
Quo'ue almam lucem aspiciant, quo'ue æthera purum,
Aurarumque leues animas, et frigora captent.
Nempe intrò ueniens Zephyris uariantibus aër
Aëra dispellit pigrum nouus, et graue olentes
Lustrat, agens sese, thalamos, uariatque saluber,
Qui nisi mutetur crebrò, corrumpitur, haustusque
Inducit uarios reptantum in corpora morbos.
Ceu puteis pigros latices nisi sæpius urna
Hauseris, ut subitò inde locum nouus occupet humor,
Continuò sapor immotæ uitiatur aquai,
Oraque potantum tristis perturbat amaror.
Tum uerò ad solem, blandique ad luminis auras
Exultare pecus uideas, et corpora luci

Pandere. non tamen immisso sub sole iacere
Securum fuit, aspiciant sed lumina longè.
Si uerò fuerit gelidis Aquilonibus aër
Frigidus, aut nimbos spirantibus humidus Austris,
Protinus in thalamos inferri profuit ignes :
Ne tamen infestet lachrymosus lumina fumus,
Ipsos occuluere cauis fornacibus ignes,
Vnde aditus fumo sit nusquam in tecta, sed extrà,
Respirans Vulcanus in aëra fumet apertum.
At calor intereà placidus diffunditur intus
Paulatim, et tepidi calida è fornace uapores.
Sunt etiam, quæ, cùm nigrescit fœtibus arbos,
Incipiunt cùm mora rubescere. pabula lecta
Retibus imponunt raris, in perque foratis
Pellibus, in gyrumque agitant, iactantque per auras.
Nanque cadunt ueluti per lata foramina grando
Nigrantes baccæ, uel quicquid inutile mensis,
Et tantùm folia ipsa manent, quòd soluere mollem
Aluum mora ferunt, tristesque inducere morbos.
Præstereà liquido respargi corpora oliuo
Mors erit extemplo ah miseris, lucemque relinquent.
Ergo ubi nocte gregem famulæ, et stabula alta reuisent
Edico procul ardentem deponere testam,
In tenebris ubi pingue oleum depascitur ignis :
Ne super incautis gutta stillantis oliui
Decidat, ac totos deformet peste penates.
Vsque adeo in Venerem longas exercuit iras
Infensam inuentrix semper frondentis oliuæ.
Exin cùm liquor officiat bombycibus omnis,
Præcipuè sale qui fuerit uitiatus amaro
Cùm semel attigerit, miseris erit acre uenenum.
Protinus elucet languentibus aurea pellis,
Deinde tument, turpisque animis ignauia uenit,
Desidibus tandem rumpuntur, et omnia tetro
Inficiunt tabo : sanies fluit undique membris,
Nec quicquam salso Venerem æquore profuit ortam.
Quædam ideo syluas seruant noctesque diesque,

Quandoquidem inuentæ salso quæ pabula rore
Inuidia infecere (scelus prohibite nefandum
Diique Deæque omnes) cæcum et liquere uenenum
In syluis, quod mox foliis bibit inscia bombyx.
Arce etiam strepitus : cantu caua cornua rauco,
Fistulaque horribili procul absit ahenea bombo,
Tympanaque, et uoces ludentis comprime pubis.
Inualidas sæpe exanimat leue murmur alumnas.
Sed neque tum pueri uastantes irrequieta
Cuncta manu hîc illic, stragemque impune ferentes
Iamque has, iamque illas digitis dum tangere gaudent,
Introducantur, quos longè arcebis, et ultro
Absistent, ætas si improuida ludificetur.
Verbis falle illos : tineas finge acre uenenum
Inspirare anima, uel spicula linquere caudis
Atque angues, colubrosque uoca, diros'ue chelydros.
Obseruabis item, ne qui gustauerit allii,
Aut cæpe, aut acris porri illetabile uirus
Introëat, ne res pereat tibi funditus omnis.
Bombycem exanimem uidi sæpe ipse iacere
Afflatam famulæ grauiter spirantis odore.
Continuò uis illa subit, naresque lacessit,
Intimaque infestum uenit ad præcordia uirus.
Non igitur cunctis aditus permiseris, illas
Spectatum quicunque adeunt, quis spiritus ollis,
Quis uultus, uocisque sonus, quis euntibus ultro
Sit gressus, qui oculi'ue, notes. discrimine nullo
Limine anus omneis monstra infelicia longè
Pelle : nocent cantu tristes, oculisque malignis.
Intrò autem tantùm iuuenes, pulchræque puellæ
Ducendæ, queis forma, ætasque ignara nocendi est.
Hîc impune choros agitent, alternaque læti
Idaliæ Veneri, ac Saturno carmina dicant.
Quandoquidem memini Tusci alta in rupe Viterbi
Ipse senem uidisse ferum, cui dira rigebant
Ora, grauesque oculi suffecti sanguine circùm,
Fronsque obscœna situ, hirtique in uertice cani.

Ille truci, scelus, obtutu genus omne necabat
Reptantum, tenueis animas, paruesque uolantes.
Quin etiam siquando hortos ingressus, ubi annus
Exuit expleto turpem nouus orbe senectam,
Floribus et passim per agros incanuit arbor,
Ille hortis stragem dedit, arboribusque ruinam,
Spemque anni agricolæ mœsti fleuere caducam.
Nam quocunque aciem horribilem intendisset, ibi omneis
Cernere erat subitò afflatos languescere flores,
Mox album latè nimbum uolitare per auras,
Nec tantum noceat raptor ferus Orithyiæ,
Siquando iratus malè tutis incubet hortis.
Nostram igitur si fortè domum prætermeet olim
Pestis, et ira deûm talis, cùm plurima reptans
Compleuit sedes omneis, atque atria circùm,
Non illum affari libeat, longumque morari.
Sed properate fores famulæ, properate fenestras
Claudere, pestiferamque auertite limine cladem.
Iam promissa dies terris lucem intulit almam,
Iam, licet, ingredere, artificum mirare laborem
Egregium, mirare artes, ut pendula ramis
Omnibus hæserunt uarii glomeramina fili.
Qualiter autumni primo cum frigore in hortis
Arboribus pendent haud uno poma colore,
Sic hærent niditi uario discrimine ramis
Folliculi. sunt quæ uiridem traxere colorem
È foliis, quæ depasta est Saturnia bombyx,
Fila, auri quædam, electrique simillima puri.
Omnibus est reliquis color albi uelleris instar.
Ergo ubi per ramos iam perfecisse laborem
Clausas, quamque suum, uigili exploraueris aure,
Atque ubi nec strepitus, nec uim datur amplius ullam
Audiri, sed iam motus requieuerit omnis,
Pelle moram, exonera ramos, impone canistris.
Carpe utraque manu, et famulas properare iubeto.
Primus deinde labos extrema, et inutile quicquid
Lanicii detraxe, et luxuriantia circùm

Vellera, quæ stuppæ ueluti nodosa puellæ
Ruris pensa trahunt torquentes pollice fila,
Vnde sibi intexant festis gestanda diebus
Tegmina, cum lætas agitant per prata choreas.
Hinc triplex delectus erit, meliora Deorum
Imponunt aris, aliqua in spem gentis, et anni
Venturi ad sobolem seruant de more creandam.
Cætera dein uarios deuoluunt uestis in usus.
Quæ uerò in generis spem uis seruare caduci,
Deligito ex omni numero : neglecta quotanis
Degenerat proles magis ac magis, atque propago
Deterior tibi semper erit labentibus annis.
Sed non ob sobolem multos seruare necesse est
Folliculos, capitum multorum semina partu
Vna dabit mater, centum quæque oua relinquet.
Quos igitur fœturæ habiles prouideris, omneis
Connectes ducto per acus uestigia filo.
Sed parcens leuiter terebrato, extremaque tantùm
Tangito acu tenui, ne inclusa cadauera ferro
Ah uioles, et res euertas funditus omnes.
Post hinc consertos ita frigida sub loca conde,
Aut Bacchi in cella sub terram, aut sicubi montis
Exesi specus ardenti impenetrabile Phœbo,
Ne calor absumat defuncta cadauera uita.
Fata dabunt quibus ad iucundum surgere lumen
Rursus, et in paruas uolucrum se uertere formas,
Cùm primùm cœlo stellas aurora fugarit,
Et decies roseos Sol lauerit æquore currus.
Nam quondam (ut perhibent) cùm primos aurea fœtus
Nutriret Venus umbrosis in uallibus Idæ,
Nuda cohors tenerûm circùm ludebat amorum,
Et nunc hîc manibus tenerè dare pabula blandis,
Nunc illic tractare leui reptantia tactu
Corpora, Acidaliosque toris diffundere flores.
Dum uero incauti nunc huc, nunc protinus illuc
(Fortè parens aberat) studiis puerilibus errant,
Impliciti inter sese altis in cratibus urgent.

Fit strepitus, pontes uastam traxere ruinam,
Lanifici stabula alta gregis : iacet undique bombyx
Fusa solo, exanimûm ingentes (miserabile) acerui.
Quam cladem accepit rediens ubi mater, et omnem
Cæde madere locum uidit procul, et genus omne
Funditus extinctum, totamque ab origine gentem,
Et famulas nusquam sibi, nusquam occurrere natos,
Qui sese abdiderant syluis, tacitique latebant,
Infelix stetit ingenti perculsa dolore.
Tum furiis acta huc illuc clamore supremum
Idalium impleuit natos, famulasque requirens,
Nulla quies animo, noctesque, diesque uagatur,
Incassumque gemens solos interrogat agros.
Infernas etiam sedes, atque atria Ditis
ægra adiit, quò mœstæ animæ post fata feruntur
Squamigerum, pecudum, atque hominum, uitæque uolantum,
Si fortè ipse sibi patruus rex maximus Orci
Annueret paucas animas in tarda reuerti
Corpora, ut inde nouam sobolem reuocaret in auras.
Iamque ibant umbræ tenues Styga circumfusæ
Obscuram, nigrosque lacus, et rauca fluenta.
Tum dominæ aduentu lætæ circum ora uolantes
Nondum oblitæ alis plausere, et signa dederunt
Lætitiæ nondum trans liuida flumina uectæ.
Agnouit Venus, et secum est lætata repertis.
Quam Saturnius horrentis regnator Auerni
Vt procul aspexit, multo est dignatus honore,
Permisitque animas in corpora tarda reuerti
Rursus, ut extinctam sobolem reuocaret in auras,
Seminaque his generis penitus repararet adempti.
Vtque sequi possent dominam super alta petentem,
Corporibus geminas renouatis addidit alas.
Hanc legem posuit tamen, ut genus omne quotannis
Alitis in faciem se post opera, atque labores
Verteret, et nigros Orci bis uiseret amnes.
Vt quosdam populos in Hyperborea Pallene
Esse ferunt, qui, se ut nouies Tritonide in unda

Merserunt, natis tollantur in aëra pennis.
Non'ne uides, cùm carceribus exire reclusis
Instant ardentes, quanta nitantur opum ui ?
Clausa obstat domus, et fili densissimus ordo.
Nec mora, nec requies, uestigant omnia circùm,
Explorantque aditus omneis, si quà potis extrà
Rumpere, et optatæ rursum se reddere luci.
Ecce autem ut rostro follem terebrauit acuto
Protinus erumpit (uisu mirabile monstrum)
Alitis in paruæ bombyx collecta figuram,
Et noua se rerum facies mirantibus offert.
Nam quælonga fuit tinea olim, fit leuis alis
Papilio, tineæ pallentes concolor artus.
Ergo carceribus cùm rupit multa uiam uis,
Et sese cæcis populi eripuere tenebris
Aligeri, atque iterum lucis uenere sub auras,
Hærent attoniti rerum nouitate, neque audent
Remigio alarum se aperto credere cœlo,
Dissimilesque sui tacitè noua corpora secum
Mirari, forma nec sese agnoscere in illa.
Cornua mirantur fronti, mirantur et alas,
Et uires nil supra audent tentare priores
Diffisi, memoresque sui, sed tum neque gustant
Pabula, nec uitæ quærunt alimenta prioris :
Tantus adhuc memores timor atri detinet Orci.
Nunc etiam ante oculos Styx liuida, nigraque regna,
Tartareique canis tria guttura, monstraque Ditis
Impacata, breuis ne uitæ gaudia quærant.
Iccirco aligeræ neque frondem suffice genti
Incassum, neque potandos admoueris amnes.
Carpe manu resides, et funibus insidentes,
In tabulamque refer stratam uelamine molli.
Quippe ubi subtracto se rursum ad fata uocari
Senserunt uictu, turbantur. tum simul omnes,
Excidium ueluti cœlo, terrisque propinquum
Immineat, cùm supremo mortalia cuncta
Vna dies dabit exitio, multosque per annos

Sustentata ruet perituri machina mundi,
Attoniti dubiis properant succurrere rebus.
Concubitu indulgent omnes, ut semina gentis
Munere defuncti uitæ post fata relinquant,
Et seruare genus ualeant, stirpemque tueri.
Nec uerò, uelut in syluis genus omne ferarum,
Alituumque, uagos passim furantur amores,
Sed connubia certa, sed electi hymenæi.
Ille suam tenet, illa suum, dulcique fruuntur
Amplexu caudis ambo per mutua nexis.
Instant, et ualidis iuncti compagibus hærent.
Nec Veneris breuis usus erit, uidere reuincti
Quartam sæpe diem : nec quas legêre relinquent,
Donec uterque cadat. neque enim, si uiribus haustus
Mas prior occiderit, longum tamen ipsa superstes
Fœmina erit : sed ubi concepta effuderit oua,
Nulla mora, amplexu nondum diuulsa sequetur.
Idem omni interitus generi, fata omnibus æqua.
Aspicies miserans confusa cadauera passim
Procubuisse toris genialibus, omnia primûm
Sedibus exportato, et tristia funera ducito.
Illis namque operum est cunctorum finis, et æui.
At uerò quæ infusa uides mantilibus albis
Semina, ceu milii exigui tenuissima, coge.
Hæc tibi post annum sobolis spes certa creandæ.
His etenim sese reparat moribunda quotannis
Seminibus, sobolesque uenit noua semper ad auras.
Abde domo, his aptam super omnia delige sedem,
Quo neque sint aditus torrenti æstate calori,
Nec Boreæ, bruma in media. contraria uis est
Vtraque seminibus seruandis : frigora dira
Vim genitalem omnem perimunt, frustraque fouebis
Semen inane : calor uero si admissus in oua
Paulatim sese insinuet, parua est mora, proles
Ante diem superas incassum rumpet in auras,
Cùm frondes iam consumptæ, cùm pabula syluæ
Deficiunt, et tonsa comam Thysbeïa nudos

Ostentat ramos populatis frondibus arbor.
Quòd si spes generis defecerit omnis ubique,
Seminaque aruerint Iouis implacabilis ira,
Sicut apes, teneri reparantur cæde iuuenci.
Hîc super accedit tantùm labor. antè iuuencus
Bis denosque dies, bis denasque ordine noctes
Graminis arcendus pastu, prohibendus ab undis.
Intereà in stabulis tantùm illi pinguia mori
Sufficiunt folia, et lactenti cortice ramus.
Viscera ubi cæsi fuerint liquefacta, uidebis
Bombycem fractis condensam erumpere costis,
Atque globos toto tinearum efferuere tergo,
Et ueluti putres passim concrescere fungos.
Quod superest moneo generis tibi semina sunto
Annua : degenerant supra annum condita, et inde
Omnis abit uigor, atque intus uitalis hebet uis.
Tum uerò lætas exercent fila puellas,
Haud breuis hic labor, exhausti cui nil satis unquam,
Dum redeat moro attonsæ noua uere iuuentus.
Folliculos primùm domitant feruentibus undis,
Filaque deuoluunt nigris fumantia ahenis.
Tum currente rota torquent, eademque retorquent,
Stamineque implicito cura est dissoluere nodos.
Hinc uocat extremum tandem textura laborem.
Intenduntque nurus discretas pectine telas
Multifido, radiisque sonantibus intertexunt,
Iactantes dextra læuaque sequentia fila,
Alternisque suus pedibus labor additus, atque
Desuper acta gemit tereti rota garrula neruo.
Nec mora, certantes properant, falluntque laborem
Aut cantu, aut Veneris curæ narrantur inanes.
Nec modus est simplex texendi, nec genus unum
Telarum, nunc rasa uides, et læuia texta
Nunc pexis, leuiterque attonsis mollia uillis.
Quin etiam uarios tenui subtegmine pingunt
Nexilibus flores hederis, syluasque uirentes,
Pomaque, graminaque, et ceruos, capreasque fugaces.

Adde uelut nebulas tenues uelamina textu
Rara, quibus matres crines, et tempora uelant,
In templisque Deûm prohibent à puluere uultus.
Vidi etiam uarium quæ mutant texta colorem,
Eludantque oculos, ut discolor aura refulsit.
Quid sequar ulterius ? nil uis humana reliquit
Intactum, filum tunicis includitur aureis,
Indutæque rigent fuluo subtegmine uestes :
Vt quondam Phryxi de finibus Æetæis
Vecta ouis aurato fulgebat pectora uillo,
Pectoraque, et pexo pallentia terga metallo.
Et dubitant matres pinguem serere undique morum,
Aut inter teneras bombycem ferre papillas ?
Quid mirum, si iam totum diffusa per orbem
Saturni et Veneris pascunt pecora aurea gentes ?
Mollia nec soli nouerunt stamina Seres,
Laniuomum ipsa genus Saturni munere magno
Iamdudum super Idalium, super alta Cythera
Transtulit et Venus, et nostras penetrauit ad oras.
Quippe olim (sed fama annis obscura) regebat
Felices Seras læti ditissimus agri
Serius, antiquo patriæ de nomine dictus.
Mox acri infelix Phaëthusæ incensus amore
Italiam petiit. postquàm illam ad flumina magni
Audiit Eridani correptum fulmine fratrem
Flere diem, noctemque, Iouis fera tela querentem.
Sed uix Ausonios fines, Œnotriaque arua
Attigerat, nouus ecce illi cùm perculit aures
Rumor, uirgineam formam amisisse puellam,
Protinus et longos ad cœlum tendere ramos
Pro manibus, duroque includi pectora libro
Ah miseram. subito stetit acri corda dolore
Saucius, insignemque à pectore rupit amictum,
Pictus acu molles tunicas opera aurea Serum.
Tum uiridi in ripa, caræ sub uirginis umbra
Impleuit cœlum questu, dilectaque frustra
Robora complexus tereti dabat oscula ligno,

Et tenero ereptos in cortice flebat amores
Infelix : non sceptra animum, non regna parentum
Alta mouere queunt, nec opimæ copia gazæ.
In patriam negat ire, placet tantùm Itala tellus.
Nec procul Eridani ripis absistit, et omnem
Vitam agit in lachrymis. bis senos ordine menses
Illum adeò perhibent solos fleuisse per agros,
Et tandem superos extrema uoce precatum,
Ne'ue oculis lachrymæ, neu deesset luctibus humor
Perpetuus, superis quæ uota audita repentè.
Perstat in incepto. gemitu nemora omnia complet.
Non oculis lachrymæ, non defit luctibus humor.
Soluunt se in lachrymas artus, et corpore toto
Linquitur humor, abtique omnis conuersus in undas,
Fit fluuius, cursuque breuissimus exit in alueum
Abdua magne tuum, et tecum in uada soluitur alti
Eridani, atque pedes Phaëthusæ humectat amatæ
Flumine turrigeræ radens sata culta Cremonæ.
Mansit amor, ueteres amni mansere calores.
Sæpe illum fama est clausam sub cortice Nympham
Tentasse, optatum mox ascendisse cubile.
Tandem iuncta Dryas fluuio est, licitisque Hymenæis
Egressam rupta diuam Deus arbore duxit,
Cui picturatas uario subtegmine uestes,
Illusasque auro tunicas, et tenuia lætæ
Texta dedit missa à patriis sibi munera terris.
Paucaque præterea bombycis semina donis
Addidit, ostendens huius quis muneris usus.
Ipsa eadem egregias longo pòst tempore natas
Seriadas docuit, patris de nomine dictas.
Mox illæ Ausonias passim sparsere per urbes,
Et morum umbrosam latos seuêre per agros,
Vnde sacri uiridem uates petiere coronam,
Et meritis gratas sibi deuinxere puellas.

II.

OLIVIER DE SERRES

LA CUEILLETE DE LA SOYE

(Texte reproduit à partir de l'un des exemplaires de la Bibliothèque Nationale de France, Rés. S-12687)

LA CUEILLETE DE LA SOYE,
Par la nourriture des Vers qui la font.
Echantillon du Theatre d'Agriculture
D'OLIVIER DE SERRES
SEIGNEUR DU PRADEL.

A PARIS,
Chez JAMET METTAYER, Imprimeur
ordinaire du Roy.
MDXCIX.
Avec Privilege de sa Majesté.

[*A ij*] A nobles et vertueux Messieurs les Prevost des Marchans, Eschevins, Conseillers, & autres Officiers de l'Hostel de ville de Paris, capitale de ce fleurissant Roiaume.

Messieurs, aiant ces jours passez mis sous la presse, une generale Agriculture, en laquelle est representé l'Art d'emploier et cultiver la Terre selon ses diverses qualitez et climats : j'ay estimé estre à propos d'en extraire ceste partie de mesnage, // qui traitte de la nourriture des Vers-à-soye, et de la vous presenter : A ce que vos peuples incitez par telle adresse à s'adonner à tant noble et profitable exercice, puissent joindre à vostre ville le dernier de ses ornemens, qui est l'abondance de soye. telle seule commodité luy defaillant, laquelle neantmoins luy est d'autant plus requise, que plus de soye s'y despend, qu'en aucune autre ville de France, bien-que achetee à grand prix et estimee comme drogue de Levant et marchandise estrangere. Ce sont voirement des nouvelletez, non toutesfois prejudiciables, mais descouvrans le prejudice ; lequel s'augmentera d'autant plus, que l'on retardera à mettre la main à l'œuvre. Il n'est question pour se resoudre sur ceste matiere, d'en venir à la preuve, puis que vos peres l'ont faite pour vous, en vous plantans des vignes : lesquelles [A iij] *vous asseurent, que vostre terre et vostre aer, sont propres à recevoir les Meuriers-blancs, et nourrir les Vers-à-soye : estans ces choses tant amies par-ensemble, que là où l'une est, l'autre y peut estre. Jusques ici l'on a jugé vostre pays, comme par contumace, insuffisant à produire la soye, sans vouloir entendre les causes de ce defaut. Tant scrupuleux n'ont esté les anciens habitans du païs de Serés en Indie (qui ont donné leur nom à la soye) lesquels bien-qu'esloignez de quarante six à cinquante degrez de l'Isle de Taprobane, estant souz l'Equinoctial, de là ont neantmoins porté chez eux, la semence des Vers-à-soye, qui en aprez s'y est naturalisee, et aussi celle des Meuriers, pour la nourriture de ce bestail. Ceux de Naples ont fait de mesmes de la Grece, où // de Serinda ville d'Indie, telles commoditez estoient parvenues. Et en suite, comme par degrez, ont communiqué ces thresors, à la Provence, Dauphiné, Languedoc, et à leur voisinage, n'aians peu les Alpes empécher de s'estre enracinez en tels quartiers, quoy qu'ainsi esloignez de leur premiere origine, passans tous les jours plus avant et gaignans terre avec heureux succez. Et qui doutera que n'ayans à s'avancer encores que trois degrez pour atteindre jusques à vous, n'y treuvent agreable repaire ? Tout ce qu'on peut dire au contraire, est, que la cuillete de la soye en sera tardive ; à cause de la disposition de vostre Ciel, qui est un peu plus froid que celuy du Languedoc. Quoy pour cela, pourveu qu'ayez de bonne soye et beaucoup ? Vous ne laissez pas d'avoir abondance* [*Aiiij*] *de bleds et de vins, encores que vos moissons et vendanges ne soient tant avancees qu'en Languedoc. Voila tout l'interest. Caton, oracle de son temps, disoit estre vergongne au mesnager, d'acheter ce que sa terre pouvoit produire. A qui telle reprimende mieux appropriee, qu'à ceux qui vont mendier la soye des voisins, desquels mesmes ils sont taxez de negligence ? C'est à dire, aux habitans de presque toutes les provinces de la France. Car, peu de lieux exceptez, par tout ce grand Roiaume la soye peut croistre : par ce qu'estant iceluy posé sous l'une des Zones temperees, est par consequent tout temperé ; et n'y a autre cause qui empéche l'accroist de la vigne en divers endroits, que la hauteur des montaignes, dont la froidure extreme contrarie à telle plante. Ainsi // n'est pas entierement de la Normandie, Bretaigne, Picardie, qui sont aussi bien sans hautes montaignes que sans vin, où il y a apparence la soye s'y pouvoir cueillir, attendu l'abondance de bons fruicts qui y croissent, dont les arbres, qui les produisent, ne sont moins delicats que les*

Meuriers donnans la soye par leur fueillage. Laquelle chose avec peu de temps et de peine l'homme d'entendement pourra essaier. Quant à la Brie, Champaigne, Bourgogne, Nivernois, Beaujeolois, Masconois, Lyonois, Limosin, Berry, Poitou, Xaintonge, Guienne, Gascogne, mesmes Orleans, Chartres, Tholoze, Bourdeaux, la Rochelle, quelles excuses peuvent avoir ces provinces-là de ne s'emploier à tant fructueuse culture ? aiment-elles mieux donner leur argent aux Estrangers que d'en recevoir // d'eux ? Les Piedmontois se sont domestiquez le Ris, à leur commodité et de plusieurs de leurs voisins, ayans tiré des Indes la semence de tel blé. Les poules-d'Inde ont prins terre en ce Roiaume despuis peu de temps, et lors qu'on estimoit la chose impossible, pour la delicatesse de la race. Ceste exquise herbe de Nicotiane s'accroist facilement par tous les coins de la France, bien- qu'elle soit venue de Portugal, Et là de l'Amerique. Plusieurs autres animaux et plantes estrangeres consentent de vivre parmy nous, avec soin requis. Ces exemples affermiront vos Meuriers, pour en tirer utile contentement, mesme de ceux plantez és terres les moins fertiles, pour leur legereté laissees en frische, rapportans la riche toison de soye, par le moien des Vers qui sainement s'en nourriront. // Et seront aussi vos belles maisons des champs decorees avec beaucoup de representation, y paroissans les plaisans boccages de Meuriers ; lesquels outre leurs principaux revenus, rapporteront du bois de chaufage, dont le service en sera d'autant plus prisé, que plus on louë ce qui vient à moindre despence. Les experiences que j'ay fait en ce mesnage chez moy, despuis trente-cinq ans, et la soye que je cueil par chacun an, me donnent matiere de vous dire librement mon avis sur ce sujet. Que s'il vous plaist vous en servir, treuverez en mes discours de quoi vous satisfaire : pour l'assemblage de la matiere, plus grand et avec plus d'observations que jusques ici ait esté escrit, tant ay-je esté curieux de faire participant de mes labeurs les vertueuses personnes. J'estimeray ce temps bien emploié : // et le voyage que je suis venu faire à la Cour, heureux, de m'avoir causé ce contentement, de vous pouvoir estre utile ; à ce que de mon Languedoc, sortant chose remarquable, les habitans de ceste magnifique ville puissent dans peu de temps voir leurs campaignes couvertes de Meuriers, et leurs ruës pavees de soye : ainsi que non sans merveille ces choses se remarquent à Florence, Naples, Verone, Vincence, Milan, Padouë,

Genes, et autres villes de l'Italie. La loüange de telles richesses sera deuë à vos sages conseils et providences, ornans à vostre tour, comme vos Ancestres ont fait en leurs temps, la ville de l'Europe la plus capable de belles choses. Pour comble desquelles felicitez, Dieu vous a fait naistre sous la grande lumiere de ce fleurissant et heureux regne, Et vous // conservera en Paix et Justice : de quoy le supplie tres-humblement

MESSIEURS,

Vostre tres-humble et tres-affectionné serviteur
OLIVIER DE SERRES.

De Paris le premier jour de Febvrier,
M.D.XCIX.

[1]

LA CUEILLETTE DE LA SOYE

Par la nourriture des Vers qui la font.

La Soye vient directement du Ver, qui la vomit toute filee, et le Ver procede de graine, laquelle on garde dix mois de l'annee, comme chose morte, reprenant vie en sa saison. Le Ver est nourri de la fueille de Meurier, seule viande de cest animal, qui ne vivant que six, sept, ou huict sepmaines, peu plus ou moins, selon le païs et la constitution de l'annee, dans ce peu de temps, par la Soye qu'il nous laisse, paie largement les despens de sa nourriture. Comme diverses sont les nations qui le gouvernent, aussi est-il nommé diversement. [2] Les Grecs et Latins l'ont appelé *Bombyx* : et aujourd'huy en Italie, *Cavalieri* et *Bachi* : en Espagne, *Ilavor* : en France, *Vers-à-soye* : en Languedoc, Provence et és environs, *Magniaux*.

Quelle terre et quelle culture desire le Meurier ; quelle graine de Vers est à choisir ; quel logis et quel traittement requiert le bestail qui en provient ; quel est son rapport et usage, sera monstré ci apres. Par lesquels discours apperra clairement, de la richesse de ceste nourriture : et que la terre emploiee à tel mesnage, rapporte plus de deniers et en moins de temps, que par autres fruits qu'on luy puisse commettre, à tout le moins dont on doive faire estat. Ces choses n'ont esté cogneuës de tous temps, ne de tous hommes, ains ç'a esté par degrez que Dieu les a manifestees aux peuples.

Je ne recercheray ici les causes et le temps de leur introduction en ce Roiaume plus avant, que du Regne de Charles huictiesme. Au voiage que ce Roy fit au Roiaume de Naples, [3] [B] quelques Gentils-hommes de sa suite y aians remarqué la richesse de la Soye, à leur retour chez eux, remporterent l'affection de pourvoir leurs maisons de telles commoditez. Apres estre finies les guerres d'Italie, envoyerent à Naples querir du plant de Meuriers, qu'ils logerent en Provence, le peu d'intervale qu'il y a des climats d'un païs à l'autre, facilitant l'entreprise. Aucuns disent que ce fut en Dauphiné, où premierement les Meuriers aborderent, marquans mesmes Alan, prés du Montellimar, qui en fut lors pourveu par le moien de son seigneur : comme les vieux Meuriers-blancs qu'on y void encores, en donnent quelque tesmoignage. Or soit ou là ou ailleurs, c'est chose asseuree, qu'en divers endroits de la Provence, du Languedoc, du Dauphiné, de la Principauté d'Orange, et sur tous de la Comté de Venaissin et Archevesché d'Avignon, les Meuriers et leur service, y sont aujourd'huy tresbien recogneus. Là avec beaucoup de lustre, paroit la manufacture de la Soye. Là de jour à autre, [4] croist l'affection de planter des Meuriers, pour la commodité experimentee qui en revient. En somme, c'est là, où le revenu du Meurier est tenu pour le plus clair denier tumbant dans la bource. A Tours ce negoce est ja receu, avec utilité et applaudissement, et avoit commencé à se manifester à Caen vers la basse Normandie. encores incogneu au restant du Roiaume. C'est aussi en Espagne, en suite de l'Italie, où la soye a fait de bonnes maisons ; comme la grande abondance de soyes, qui de ces païs-là vient en ce Roiaume nous le fait cognoistre à nostre honte et preuve de nostre nonchalance.

[Supputation de la despence et du rapport de ceste nourriture] Communement un millier de fueille de Meurier, faisant dix quintaux de poids, satisfait à nourrir une once de graine de Vers-à-soye ; et l'once de graine, rend cinq ou six livres de soye ; chacune vallant deux ou trois escus, et davantage : parquoy dix ou douze escus, sortent de dix quintaux de fueille : laquelle quantité, vingt ou vingt-cinq arbres de moienne [5] [Bij] grandeur, produiront tousjours. Voire beaucoup moindre nombre y suffira, si ce sont arbres vieux et grands, comme il s'entreuve en plusieurs lieux, mesme vers Avignon, de tant amples et abondans en ramage, qu'un seul fournit de fueille, pour nourrir une once de graine : mais par estre tres-rares, tels arbres ainsi qualifiez, estat certain n'en doit estre fait. pour les fraiz du negoce, le quart du total est prins : ainsi restent les trois quarts de liquide revenu, que font sept escus et demy, ou neuf escus, que vingt ou vingt-cinq Meuriers rapportent par communes annees. Je confesse que tousjours l'once de graine ne rend les cinq ou six livres de soye, voire quelques fois ne faire presques rien : quand par l'infelicité de la saison, la fueille, se treuvant mal qualifiee, par mauvaise nourriture, cause diverses maladies aux Vers : Quand la peste se fourre parmi ce bestail : Quand par n'estre bien affermis les estaudis où sont logez les Vers, croulans sur eux, les tuent : ou quand par autres accidents tout se [6] meurt. Mais aussi c'est chose confessee de tous ceux qui s'exercent à ceste nourriture, que telle annee y a-il, l'once de graine, venir jusques à dix livres de soye : et c'est alors, que la race du bestail, son logis, sa viande, le temps, la main du gouverneur, s'acordent pour le bien de ce mesnage. Et qui ne sçait les blez, les vins, les fruits des arbres, le bestail, souvent defaillir par tempestes, secheresses, humiditez et autres excez de l'annee ? Il apperra ci apres qu'au gouvernement de ce bestail, l'on ne peut rien avancer sans curiosité, diligence, despence : pour lesquelles choses plusieurs mesprisent ce mesnage, comme fantasque, penible, despensier. Mais ils se deçoivent, pour ne considerer qu'avec moderé salaire, treuve-l'on des gens à suffisance, entendus à cest art, qui se chargent de tout ce qui en depend.

Et pour en particulariser les despenses, diray, que cent ou six vingts journees, dont les trois quarts sont de femmes ou de garçons, suffisent à cueillir toute la fueille, necessaire [7] [B iij] pour nourrir dix onces de graine de magniaux, et pour la porter sur le lieu du bestail, estans les Meuriers non guere esloignez de la maison, come cela est requis. Au paiement desquelles journees pour la qualité des personnes, n'entre beaucoup d'argent. car c'est aux vivres où le plus s'en consume. Mais si la nourriture des amasseurs de fueille vous importune, avec de l'argent seul, vous-vous ferez faire tel service ; à la journee, ou à tasche ; selon l'ordre de plusieurs villes, où tel traffiq est en usage.

Touchant le gouverneur, ses gages sont communément de deux, trois ou quatre escus le mois, outre son vivre : et sa charge est de conduire les Vers, dés le couver de leur graine, jusques à la soye faite ; c'est à dire, la rendre tiree. Un seul homme gouvernera tant de magniaux que voudrez, pour veu qu'il soit assisté : ce qu'il sera de gens de petit prix, veu que toutes sortes de personnes, hommes et femmes, s'en rendent capables.

Quant à la graine des Vers, ne [8] devez mettre en compte ce qu'elle vous aura cousté : parce que vous la remplassez chacune annee en la renouvellant, pour la conservation de la semence. Ains se couchera telle premiere despence, au rang de celle faite en l'achapt des aiz et tables, pour les estaudis, voire pour le dresser du logis ; par estre ces choses destinees pour fondement du revenu ; estans de duree et sans se consumer, à tout le moins que bien peu. Et bien qu'il soit requis d'avoir tous les ans quelque peu de nouvelle graine, pour se maintenir la bonne race, comme sera dit, si n'y a-il pourtant plus de despence, attendu que de la vente de la graine que cueillez chez vous, en achetez d'estrangere, ce qu'il vous en faut. ainsi se fait de la terre le fossé.

Sur lesquels discours arrestant vostre compte, treuverez qu'avec beaucoup meilleur marché, nourrirez les magniaux provenans de dix onces de graine, que vingt-cinq ou trente brebis : pour lesquelles, voire pour moindre nombre, faut entretenir [9] [B iiij] un pastre toute l'annee, que sont trois cens soixante cinq jours. Par ainsi, voiez à l'œil, combien different les despences d'un bestail à l'autre : et par ceste supputation, lequel des deux, rend plus de revenu, bien-que par jugement universel, le rapport du bestail à quatre pieds, est tres-grand au mesnage. Et ne doute, que Caton en ses responses du paistre, pour devenir riche, n'eust entendu du Ver-à-soye, s'il en eust eu la cognoissance. La nourriture des Vers-à-soye, se rend aussi recommandable, à cause de ce qu'elle n'empéche aucun ouvrage des champs, se rencontrant és mois d'Avril et de Mai, avant que le peuple ait nulle occupation à la récolte. Donnant tel retardement, moien au pere de famille, de treuver aisément et à suffisance, gens pour ce service : lesquels n'aians en ce temps là autre occupation, sont tres-aises de treuver à gaigner leur vie et quelque piece d'argent, pour sortir de l'arriere-saison de l'annee. Dont plus facile en est rendue la nourriture de ce bestail ; Par [10] ceux seulement mesprisee, qui ne sçavent combien en vaut l'aune. car quant aux autres, la friandise des deniers qu'ils en tirent (sans destrac de leur mesnage, ains comme parties casuelles) les affectionne tous les jours à planter des nouveaux Meuriers, pour avec l'augmentation du nombre, de mesme augmenter leur revenu.

[*Des Meuriers*] Estans les Meuriers le fondement de ce revenu, ce sera là premierement où viserez, pour en planter si grande quantité, et si tost, qu'en peu de temps vous puissent donner contentement. Ce que ne pourriez esperer du peu de nombre pendant leur jeunesse, pour le peu de fueillage qu'ils rendent, avant qu'estre parvenus à moien accroissement. Or d'attendre que les Meuriers aient atteint leur parfaite grandeur, pour les effueiller et faire servir en cest endroit, ce seroit passer vostre aage sans gouster la douceur de ce revenu. C'est pourquoy est necessaire d'avoir abondance de ces arbres ; afin que de plusieurs [11] petits, puissiez tirer autant de fueille, que de peu de grands. Ainsi sans beaucoup attendre aprez leur plantement, en aurez plaisir et profit dans peu d'annees. Telle grande quantité de Meuriers pourra estre limitee à deux ou trois mille pieds ; à moindre nombre j'estime le pere de famille ne devoir entreprendre ce mesnage : pource qu'ici est question de profit, qui ne peut sortir que du suffisant nombre d'arbres. Pour le particulier naturel de l'œuvre, il est necessaire de s'y emploier en grand volume, autrement le jeu ne vaudroit pas la chandelle ; estant cela à faire à femmes, qui pour plaisir, nourrissent quelque peu de ce bestail. Encores ne s'arrestera le pere de famille en si beau chemin, ains augmentera-il tousjours sa Meuriere, y adjoustant par chacun an, quelques centaines de Meuriers ; à ce qu'à la longue, tresabondant en fueille, il en ait et pour nourrir grande quantité de Vers ; et de reste aussi, pour le soulagement de ses arbres, desquels une partie reposera, [12] comme sera monstré en la suite de ce discours.

De l'ordre requis à planter et eslever les Meuriers, n'est ici question de parler, ailleurs la science en estant enseignee [*Au VII. lieu du Theatre d'Agriculture.*] : tresbien de representer les observations necessaire à leur assiete et entretenement ; à ce que les arbres soient convenablement logez et gouvernez, pour durer longuement en service. Car n'y prenant garde de prez, dans peu de temps ils defaudroient, comme envieillissans en leur premiere jeunesse. Ces arbres sont si aisez à reprendre, que par tout où il vous plaira, les pourrez eslever : mais avec plus d'avancement s'accroistront-ils en la grasse et humide terre, qu'en la maigre et seche. Pour la quantité de fueille, est à souhaitter les arbres estre plantez en bon fonds, mais non pour la qualité ; pource que jamais ne sort la fueille tant fructueuse de gras, que de maigre terroir (aiant cela de commun avec les vins, dont les plus exquis s'accroissent en terre legere) [13] attendu que ce terroir-là, rapporte la fueille grossiere et fade, et cestui-ci, delicate et savoureuse. Aussi de la nourriture de ceste derniere fueille, le bestail communément fait bonne fin ; ce que tres-rarement avient de l'autre. encores est-ce par rencontre de bonne saison. [*Où la bonne fueille.*] La fueille des Meuriers se rendra qualifiee ainsi qu'il appartient, si on loge ses arbres en lieu maigre et esloigné de sources d'eau, pourveu qu'il soit exposé au Soleil. car avec les vignes, haîssent les Meuriers, le sejour aquatique et ombreux ; en somme, là sera plus asseuree la nourriture, que meilleurs croistront les vins. Et bien que la vigne et les Meuriers, pour les faire marcher ensemble, produisent plus en fort qu'en foible terroir, si est-ce que le peu de leur rapport estant delicat, est plus à priser que l'abondance de celuy qui est grossier. Joinct que touchant ce bestail-ci, l'on ne le peut abuser, en luy donnant viande contre son naturel. car ou il refusera de la manger, ou la mangeant, ne s'en portera [14] jamais bien. Et ceste sienne delicatesse tourne à profit au pere de famille, qui emploie ses terres maigres en Meurieres ; et par consequent n'en occupe ses bons labourages, qui luy demeurent francs et non chargez de ces arbres : desquels l'importunité est tres-grande, presque opprimans par les racines et branches, toutes sortes de semences qu'on pourroit loger auprez. Or de cuider aussi planter des Meuriers en terre deserte et infertile, ce seroit, tumbant en l'autre extremité, se tromper lourdement, pour le peu d'avancement qu'ils y feroient ; encores qu'ils y reprinsent : leur tardité vous donnant matiere de vous repentir de ce conseil. [*Où planter les Meuriers.*] Ce sera donques és endroits où edifierez vos Meuriers, que jugerez propre à la vigne, c'est assavoir, en terre de moienne valeur ; plustost seche, qu'humide ; legere, que pesante. Telle terre vous rapportera fueille souhaittable, et en moienne quantité, dont aurez à suffisance par la voie du nombre des arbres, l'amplifiant comme a esté dit.

[15] [*Comment les disposer.*] De quatre en quatre ou de cinq en cinq toises, en tous sens, à la quinqu'once, plantera-on les Meuriers, si on en veut faire des forests. Et desirant les disposer par rangees, aux orees des terres à grain, ou à l'entour des autres possessions, un peu plus estroitement on les logera, sans toutesfois se restraindre par trop : ce qu'on ne pourroit faire sans notable interest des arbres. Tresbien peut-on amplifier la mesure, voire tant qu'on voudra, trop au large ne pouvans estre posez les Meuriers; veu l'apparente utilité que l'Aer, le Soleil et l'amplitude du fonds, causent à l'aggrandissement des arbres et à la bonté de la fueille.

[*Races de Meuriers.*] Deux races de Meuriers y a-il, discernees par ces mots, Noir et Blanc, et discordantes en bois, fueille, et fruit : aians neantmoins cela de commun, que de bourgeonner tard, le danger des froidures passé ; et de leur fueille, nourrir les Vers-à-soye. On ne void que d'une sorte de Meuriers-noirs, dont le bois est fort et solide, [16] la fueille grande et rude au manier, le fruit noir, gros et bon à manger. [*Trois couleurs de fruits és Meuriers-blancs.*] Mais des blancs, notoirement en recognoit-on de trois especes, distinguees par la seule couleur du fruit, qui est blanc, noir, rouge, tel separément produit par divers arbres, portans tous neantmoins le nom de, Blanc. Ce fruit est petit, de saveur desagreable, pour sa fade douceur, dont il est immangeable par autres que par femmes desgoustees, enfans, et pauvres gens en temps de famine. Au reste, ils se ressemblent tous trois, ne discordans nullement par-ensemble : ni en fueille, qu'ils produisent de moienne grandeur et de doux attouchement : ni en bois, estant jaune au dedans, comme celuy des Meuriers-noirs, et presques aussi ferme, dont tous ces Meuriers se rendent propres à la menuiserie. [*La soye prend sa qualité de la fueille.*] La fueille provenante des Meuriers-noirs, fait la soye grossiere, forte et pesante : au contraire, celle des blancs, fine, foible, legere : ainsi differentes pour [17] la diversité du naturel des fueilles, dont sont nourris les Vers, qu'ils rapportent à leur ouvrage. Pour laquelle cause, plusieurs desirans composer ces choses en esperance de profit, nourrissent leurs Vers, de deux viandes, par distinction de temps : assavoir, au commencement de fueille blanche, pour avoir la soye fine ; et à la fin de noir, pour la fortifier et appesantir. En quoy tousjours ne rencontrent-ils : quelques-fois le changement de viande, mesme de delicate en grossiere, n'estant aggreable aux Vers qui en sont importunez. Et ne seroit à propos, pour le fondement grossier qu'on donneroit à la soye, tenant contraire chemin, commencer par la fueille noire, et finir par la blanche. Aussi tel meslange de viande n'est receu és grandes nourritures. Pour le plus asseuré, ce sera tout d'une viande, que nous nourrirons noz magniaux, et ce de la plus profitable : ce qui se rapporte à la soye, laquelle tant plus fine est elle, tant plus prisee, [18] et en suite tant plus d'argent elle donne. but de ce negoce. Et encores que la fueille blanche face la soye foible et legere, ne faut pourtant la postposer à la noire : veu mesme qu'elle ne discorde tant en ces qualitez là, d'avec celle provenant de fueille noire, qu'il ne luy reste beaucoup de force pour les plus exquis ouvrages, et de poids à suffisance, pour en tirer raisonnables sommes. C'est à comparaison de ceste soye-là, que ceste ci, est tenue, foible et legere ; telle estant la difference d'entre les choses grossieres et subtiles. Il ne faut neantmoins estre tant scrupuleux, que de rejetter du tout les Meuriers-noirs, pour la soye : seulement pour le meslange, n'estant permis en la nourriture, que par contrainte. Car quant au reste, il y a des contrees où ils sont tresprofitables pour ce negoce : comme en divers endroits de la Lombardie, et de par deçà en Anduze, en Alez et autres lieux vers les Sevenes du Languedoc, où grande traffique est faite de la soye, qui provient [19] [C] de Meuriers-noirs. Et bien que telle espece de soye, pour sa grossesse, soit de petit prix au respet de l'autre, si ne laisse-elle pourtant de faire bon revenu, moiennant la quantité. Joint que pour la vente, elle est recerchee comme necessaire, quoy-que grossiere, en plusieurs ouvrages, ausquels elle est emploiee.

Si desja vostre terroir est couvert de Meuriers noirs, tenez-vous là, sans vous affectionner à les accompaigner de blancs, pour les raisons dittes : mais estant question de fonder un mesnage qui n'a aucuns Meuriers, ni d'une sorte ni d'autre, preferant le meilleur au bon, eslisez tousjours les blancs pour vostre Meuriere. [*Plus tost croissent les Meuriers-blancs, que les noirs.*] En quoy il semble que Nature mesme nous incite par l'avant-croistre qu'elle a donné au Meurier-blanc par dessus le noir : estant chose asseuree, que plus facilement se reprenent et s'accroissent les Meuriers-blancs, que les noirs : et que plus d'avancement sont ceux-là, en deux ans, que ceux-ci, en six. Outre laquelle commodité, les bois que par [20] telle hastiveté ils produisent, et qui est couppé à temps, comme taillis, augmente le revenu de tels arbres.

[*Choisir la meilleure race de meuriers.*] Encores, entre les Meuriers-blancs il y a du chois. Par la recerche d'aucuns, a esté treuvee meilleure que nulle autre, la fueille sortant des Meuriers-blancs qui produisent les Meures noires. De laquelle curiosité faisant profit, nous fournirons nostre Meuriere, si possible est, des seuls Meuriers de telle espece, afin qu'en nostre nourriture, rien ne defaille. Sur tout sera pourveu à ce poinct, que de bannir de la Meuriere, la fueille trop fripaillee car, outre que c'est signe de peu de substance, elle n'abonde tant en viande, que celle qui a peu de deschiquetures. [*Enter les arbres qui en ont besoin.*] A quoy le remede est, d'enter en canon ou escusson les arbres aians besoin de tel affranchissement, dont le profit qui en revient est grand, pour ceste nourriture ; veu que par ce moien, le peu de mauvaise et chetive fueille, se convertit en abondance de bonne et substancielle : avec autant d'avantage, [21] [C ij] qu'on a de changer és verger, par semblable artifice, les fruits sauvages en francs. article tresnotable pour ce mesnage. Cest affranchissement se pratique à souhait és Meuriers de tous aages, jeunes et vieux : en ceux-ci, sur leurs nouveaux rejets de l'annee precedente, aians lors les arbres esté étestez (ou sans tant delaier, les avoir étestez au mois de Mars et le suivant de Juin, les enter) et en ceux-là, sur les plus petits arbres de la bastardiere. L'enter de ces arbres en leur tendre jeunesse est beaucoup à priser, pour l'avantage que c'est d'avoir la Meuriere entierement affranchie. Car pourveu que quelque centaine d'arbres soient entez, suffit une fois pour toutes, sans estre contraint d'y retourner : moiennant que la Meuriere soit tenue tousjours remplie. Ce qui se fait en provignant les jettons sortans des enteures, desquels autant d'arbres entez sortent, qu'il y a de branches couchees dans terre : et d'icelles par-apres d'autres en ressortans, sont de mesmes provignees à l'infini ; [22] dont les arbres en provenans pour tous-jours sont fournis d'excellente fueille, douce, et grande : et par consequent exempte de toute sauvagine ; exquise et abondante nourriture. Voila quels lieux et quels arbres avez à eslire pour voz Meurieres, afin d'avoir abondance de bonne soye.

[*Amasser la fueille, pour la bailler à manger aux Vers.*] A l'ordre qu'on a à tenir au cueillir la fueille des meuriers, pour le vivre des Magniaux, consiste le second article de ce mesnage, pour rendre les arbres de perpetuel service. Il est à noter, que l'effueiller porte grand dommage à tous arbres, souventesfois jusques à les faire mourir : mais d'autant qu'à cela est destiné le Meurier, fait que naturellement il supporte mieux telle tempeste, que nulle autre plante. Si faut-il neantmoins y aller fort retenu. car d'effuciller inconsiderément les Meuriers, c'est les rabougrir, pour finalement, devenus chetifs, se mourir de langueur. Chacun confesse qu'amasser la fueille à tout la main, l'une apres l'autre, sans toucher au bourgeon, est [23] [C iij] la plus seure voye pour la conservation des arbres : mais aussi la plus despensiere, à cause du grand nombre de personnes necessaires à telle œuvre. Pour l'espargne, le commun y procede d'autre sorte, qui est en arrachant la fueille à poignees ; ce qui ne se peut faire que souvent les branches n'en soient escorcees et quelquesfois esclatees, dont à la longue les arbres perissent. Et mesme cest amasser, corrompt et ensallit la fueille, au detriment des magniaux, quand en la prenant à la mode qu'on trait le laict des vaches, on la froisse, comme si on en vouloit faire sortir le jus : et le plus souvent avec mains mal nettes, la rend-on de mauvaise odeur et saveur. [*En la coupant avec des cizeaux.*] Ces pertes se previendront, si à la mode de certains endroits d'Espagne, la fueille est cueillie en la tondant avec de grands cizeaux de tailleur : de laquelle couppant plusieurs queuës à la fois, et icelle tumbant sur des linceuls estendus sous les arbres, la despence s'en rend moderee : mesme par estre de là directement portee [24] au bestail, sans avoir besoin d'estre triee, comme necessairement convient faire avant que l'emploier, en separant ce qui est gasté du bon, et les bourgeons avec, qui pour leur tendreur sont nuisibles aux Vers : attendu qu'en faisant jouër les cizeaux, l'on espargne les cimes des arbres, et ne prend-on que fueille bien qualifiee. De ceste invention ne se peut-on indifferemment servir par tout, ains seulement où l'assiete des arbres favorise l'œuvre, pour commodément y pouvoir estendre les linceuls, receptacles de la fueille : ni aussi en temps venteux et pluvieux. Ce qui est laissé à la discretion du pere-de-famille, pour l'emploier y treuvant de la commodité. Au defaut duquel tondre, l'on tirera la fueille le plus doucement qu'on pourra, et avec le moins de perte des arbres qu'il sera possible. [*Convient laver les mains avant que toucher à la fueille.*] Les amasseurs de fueille laveront les mains avant que de la toucher, et la reposeront en sacs bien nets, afin qu'elle ne touche à aucune saleté.

Moins quand on les tond souffrent [25] [C iiij] les arbres, que quand on les effueille autrement : toutesfois pour retenu qu'on y aille, c'est tousjours avec leur interest, dont finalement ils perissent, ravalans d'annee à autre, la valeur de leur fueille à mesure qu'ils descheent de force. Ce qui est la cause principale que les nourritures des Vers ne sont tousjours de mesme rapport, les unes que les autres : ne pouvant autre que bonne fueille, nourrir heureusement ce bestail. [*Mal procedant de la fueille qui n'est bien gouvernee.*] Or bonne ne peut estre celle qui vient d'arbre mal gouverné, en l'effueillant ; ains seulement celle dont l'arbre aiant esté bien mesnagé durant les precedentes annees, demeure vigoureux. Par ainsi se trompent ceux, qui sans regarder de prez à ceci, s'enfoncent en ce negoce. De là procedent les plus frequents defauts de ceste nourriture, et non du naturel de l'œuvre : comme scrupuleusement voire superstitieusement et fantastiquement plusieurs du vulgaire ignorant tiennent, ne pouvoir deux annees de suite bien rencontrer, pour quelque [26] occulte imperfection qu'ils estiment estre en ce bestail, qu'aucuns donnent, sans aucune raison, au logis ; ne se prenant garde des choses susdites. Afin donques d'asseurer ce mesnage, pour un preallable l'on avisera aux

Meuriers, en les logeans et conduisans comme j'ay dit. [*Seroit bon de n'effueiller les arbres, que de deux ans, l'un.*] Et passant plus outre, d'avoir si grande quantité de ces arbres, que si possible est, la seule moitié suffise pour vostre nourriture, qu'on effueillera pendant que l'autre s'apprestera pour l'annee prochainement suivante. Ainsi à l'imitation des labourages, alternativement, par annees, la Meuriere partie en deux, servira et chommera ; dont les arbres se maintiendront en bon-point, pour abondamment fournir de bonne fueille par plusieurs generations : tant par n'estre les arbres tourmentez en leurs branches ; que, par ce loisir leurs racines pouvoir estre cultivees sans despense. Dautant que les frais du labourage sortiront des grains qu'on semera au fonds de la partie chommante (restans de l'importunité [27] des Meuriers) laquelle seule l'on chargera de blé, laissant l'autre vuide de semence l'annee de l'effueillement des Meuriers, pour tant plus à l'aise cueillir la fueille des arbres, sans fouler le blé ; comme sans tel ordre l'on feroit en le trepignant. par ce moien tirant le digne rapport et des arbres et du fonds. [Commodité qui en reviendroit.] En outre, ceste notable commodité s'y ajouste, que lors que par heureuse nourriture, la fueille destinee pour voz magniaux, defaut, comme cela avient quelquesfois, avec desplaisir et regret de les voir perir de faim ; les Vers sont opportunément secourus de fueille qu'on prend sur les Meuriers de relais, par-ci par-là, en plusieurs arbres et en divers endroits, sans les incommoder, en telle quantité qu'il est requis pour la perfection de l'entreprinse. Et encore que sous les Meuriers, toutes sortes de semences aient à souffrir, par les importunes racines et branches de ces arbres, ainsi qu'a esté dit ; si est-ce que moindre en sera la perte, que moins l'on trepignera les blez y estans ; comme [28] francs de telle tempeste, demeureront ceux qui seront logez en la maniere susdite, le rapport desquels, pour petit qu'il soit, paiera le labourage : dont ferez en cest endroit ce que desirez, c'est assavoir, tiendrez en gueret les pieds de voz arbres. [*Quels grains à mettre sous les Meuriers pour moins de perte.*] De tous les grains ceux qui le plus constamment souffrent l'importunité des Meuriers sont les avoines et les petits pois, mesmes estant contraint de les trepigner pour la cueillete de la fueille, grand mal ne leur peut-on faire ; à cause que l'herbe de ces blez se treuve tardive lors de l'effueillement des arbres, n'aiant encores fait grand avancement, mesme se releve-elle aucunement, l'aiant abbatue par terre. Chose qui ne peut estre, ne des fromens, ne des segles, ne des orges, qu'à telle cause ne convient loger en la Meuriere, que par contrainte. Or de ne rien semer à la Meuriere, et pas moins en labourer le fonds, pour le bien des Meuriers, ce seroit trop faire de despence ; laquelle s'espargne par la voie susdite. [*Fumer les Meuriers.*] Le fumer [29] de ces arbres est aussi requis, s'entend de ceux que la maigreur du fonds tient en langueur, lesquels par tel traittement, seront aidez à continuer leur service ; faute de quoy faire, defaudront devant le temps. [*La fueille des vieux Meuriers bonne.*] L'experience monstre, la fueille des vieux Meuriers, estre plus profitable et saine aux Vers, que celle des jeunes : pourveu qu'ils ne soient tumbez en extreme decadence, ains que retenans de leur ancienne vigueur, aient encores quelques restes de force : communiquans telle qualité, avec la vigne, qui meilleur vin rend, vieille, que jeune. Et comme la vigne commence à porter bon vin apres les sept ou huit premiers ans ; aussi les Meuriers en mesme aage, ouvrent la porte à leur asseuré revenu, si que de là en hors, l'on ne peut faillir d'en tirer le service esperé. [*Quand bonne celle des jeunes.*] Plusieurs, neantmoins, ne s'arrestent aujourd'huy à ce terme ; emploians sans delay toute sorte de fueille, mesme des plus jeunes Meuriers, estans encores en la bastardiere, avant leur replantement. [30] Mais c'est avec plus d'incertitude de bonne issue, que de celle croissant en arbres ja avancez, selon le plus commun usage.

[*Esmonder les Meuriers, quand et comment.*] Apres qu'aurez despouillé les arbres de leurs fueilles, aussi tost les ferez esmunder, en leur coupant tout ce qu'y sera treuvé de cassé et estors de la tempeste de l'effueillement ; afin qu'ils se puissent remettre à rejetter, ce que sans cela ne pourroient ils jamais bien faire, mesme qu'en langueur. Les derniers amasseurs de fueille, donques, seront suivis pied-à-pied d'une couple d'hommes, qui ainsi accommoderont les Meuriers, desquels couperont le bois mort, les branches escorcees, estorces et esclatees : aussi les cimes de toutes les autres en quelque part de l'arbre qu'elles soient, en haut ou és costez, pour contraindre les arbres à se revestir, et sur ce nouveau ject, produire pour l'annee d'apres, abondance de fueille, tendre et delicate. Moiennant tel ordre, ne tarderont-ils à repousser tres-vigoureusement, si qu'ils se renfueilleront [31] de telle sorte, que dans un mois apres l'on diroit n'y avoir esté touché. Mais ce sera avec beaucoup plus d'efficace, si le fonds est arrousé en ce temps-là, pour, temperant la chaleur de la saison avec l'eau, deslasser les arbres, et leur donner nouvelle force. Dont avient, que de leur reject de fueille, comparé au regain des prez, l'on peut faire une seconde nourriture de magniaux avec succez, ainsi qu'aucuns heureusement l'ont pratiqué. Ce que toutesfois n'est approuvé. non tant par estre fort incertaine telle nourriture, tumbant és plus grandes chaleurs de l'Esté contraires à ce bestail ; que pour l'asseuree perte des arbres, ne pouvans souffrir double effueillement en mesme saison. Pour l'interest de noz Vers qui ne se treuvent bien de fueille croissant en lieu aquatique, comme j'ay dit, distinction sera faite des temps de l'arrousement des Meuriers ; afin de ne les faire boire qu'apres les avoir effueillez, non devant : dont, sans doubte aucune de mauvaistié, [32] se rendra la fueille bien qualifiee. Sous telle consideration, emploierez la commodité de l'eau durant l'Esté, par là causant autant de soulagement à vos arbres, apres leur grand travail, comme en la secheresse toutes sortes de plantes treuvent salutaire l'opportun arrousement : observation particuliere pour les païs Meridionaux, non pour les autres qui ne s'arrousent presque jamais.

[*Moien de cueillir la fueille, la pluie cheant dessus, ou en estant menassee.*] Les pluies survenantes sur le cours de ceste nourriture, importunent estrangement les magniaux, mesme si elles se rencontrent vers la fin de leur vie, lors qu'ils sont en la plus grande force de manger ; pource que la fueille mouillee leur cause de dangereuses maladies. Le plus commun remede à cela, est, de faire provision de fueille pour deux ou trois jours, voiant le temps s'adonner à la pluie. car autant se garde-elle bonne, pourveu qu'on la tienne en lieu net, frais, aëré, et que pour la garder d'eschaufer, plusieurs fois le jour l'on la tourne et vire sen-dessus-dessous. Et encores [33] que la pluie ne presse, quelque beau temps qu'il face, ne doit on jamais demeurer sans fueille : non tant de peur d'en avoir besoin ; que pour la qualité de sa nourriture : dautant que meilleure est elle, un peu gardee comme douze ou quinze heures, que donnee au bestail venant directement de l'arbre. Si la pluie, pressant, vous destourne d'amasser tant de fueille qu'il vous en faut, recourez à ce chemin court, qui est, de couper les branches de Meuriers, que destinez estre étestez la prochaine annee : lesquelles avec toute leur rameure, ferez porter en la maison, où pendues comme raisins sous les portiques, planchers ou autres couvertures, en lieu aëré ; mesme dans les granges et greniers à foin, lors estans presque vuides, leur fueille s'en sechera bien et tost : voire et en l'un et en l'autre, treuverez beaucoup plus d'avancement, que par autre voie que ce soit. Car ni l'esventer avec des linceuls, ni la chaufer au feu, ne sont de telle efficace, que ce moien-ci ; par lequel, en [34] outre, se gaigne beaucoup de temps, par ce qu'il ne faut que quelques coups de hache, pour prendre toute la fueille d'un arbre. Ne doutez que cela fasche les Meuriers, qu'au contraire les resjouit, aussitost se remettans à rejetter de plus fort : dont ils gaignent temps, pour l'annee d'apres. telle hastive coupe, leur causant grand avancement de brancheage. Et quoy qu'il semble que la saison chaude contrarie à telle œuvre, si est-ce que l'experience prevue journellement, le naturel des Meuriers, voire de plusieurs autres arbres, souffrir d'estre taillez en Esté. Pour laquelle commodité, jointe l'espargne de ce mesnage resolvez-vous de ne faire cueillir d'autre façon la fueille des Meuriers que deliberez étester les premiers, les gardans pour les jours pluvieux, comme a esté dit, ou, le temps demeurant beau, pour la fin de la nourriture. La mesme raison a lieu, pour les arbres que ne voulez qu'esmunder ; lors leur coupant les branches superflues, que verrez avoir besoin [35] [D] de fueille, le temps estant pluvieux ou non, ainsi qu'on fait à l'étester. Chose que treuverez venir à propos, pour le grand degast de fueille, qu'en ce temps-là font les magniaux, lors estant leur plus grande mangerie : attendu qu'avec moderé labeur et beaucoup de facilité, par ce moien, abondance de viande leur est fournie. Le gaigner temps s'ajouste à ce mesnage, par ce que les matinees s'emploient à cest effueillement (autrement perdues à cause des rosees, pendant lesquelles est defendu de toucher à la fueille) dautant que les branches de Meurier, coupees avec leur ramage, estans dés le soir portees au logis, sont effueillees dés le grand matin, suivant que l'on se met en œuvre, et cela se fait en attendant, que par le Soleil ou les vents, les rosees soient abbatues de dessus les arbres.

[*Etester les Meuriers.*] Tout le mal qu'on peut faire aux Meuriers, en les effueillant, se guerit par le couper de leurs branches (remede servant presques à toutes les [36] maladies des arbres, comme est dit des fruictiers, au sixiesme Lieu du Theatre d'Agriculture.) s'entend, les leur ostant toutes universellement, les étestant ou leur coupant la teste, ainsi qu'à Saules, dont en peu de temps ils se renouvelent : pour, leurs branches aggrandies et fortifiees, servir comme au paravant. C'est pourquoy, au bout de quelque temps, éteste-on les Meuriers, qui est lors qu'on les void se consumer par trop de travail. Ce terme n'est restraint à certaines annees, la seule faculté de la terre ordonnant de ces choses, faisant repousser et reproduire plus de bois en un endroit qu'en l'autre. Toutesfois pourra-l'on dire que presque par tout, de dix en dix, ou de douze en douze ans, cela seroit raisonnable de pratiquer, pour le bien de ce mesnage : et par ce moien chastrer la Meuriere chacun an, de la dixiesme ou douziesme partie de ses arbres. En étestant les Meuriers, l'on y laissera de longs chiquots, sursaillans de quelque pied la fourcheure de l'arbre, ou [37] [D ij] autrement, ainsi que mieux s'accordera selon sa capacité : se servant en cest endroit, d'instrumens bien tranchans, afin de ne rien escorcer, ni esclater en l'arbre, et pour faire la trenche bien unie, laquelle sera pendante d'un costé, pour rejetter les eaux de la pluie. Le temps de ce mesnage est celuy mesme des autres arbres taillis, c'est à sçavoir, l'Hyver estre passé, commenceans d'entrer en séve, (non devant, pour les raisons dittes ailleurs) en beau jour, non venteux, bruineux, ne pluvieux : car rejettans les Meuriers de mesme qu'eux, voire autant vigoureusement qu'aucune autre plante, ont de commun la saison de la coupe. [*Quand y mettre la serpe.*] Mais parce qu'és Meuriers est considerable la fueille, le plus clair, voire le total, ou peu s'en faut, de leur revenu, est de besoin tascher de n'en rien perdre, si possible est, à quoy l'on parvient en delaiant de les tailler jusques en Mai, ou au commencement de Juin, lors qu'il convient emploier la fueille. Par ce moien l'on se sert de la fueille l'annee mesme de la coupe des [38] arbres : ce qu'on ne pourroit faire sans ce retardement. Et bien que pour la trenche de telle saison, les arbres ne produisent de ceste annee-là, si grands rameaux, que si on les étestoit és mois de Febvrier ou de Mars ; leur estant un peu court le temps de s'accroistre ; n'importe, c'est autant de gaigné pour l'annee d'aprés : en laquelle tels rameaux, quoy-que petits, aians gaigné l'avantage, s'agrandissent avec merveille, dont les arbres en peu de temps sont amplement revestus : encore que contre les preceptes de l'art, pressez de la necessité, l'on coupe les arbres, et en jour pluvieux, et sans regarder à la Lune, comme s'accorde, tant ils sont de bonne volonté. [*Quel estat de Lune est à observer.*] Touchant le poinct de la Lune, diversement on l'emploie, selon la diversité du fonds qui gouverne telle action. Par influence celeste, les Meuriers taillez en croissant, produisent leurs vergetons longs, sans branchetes traversantes : et en decours, courts ; avec plusieurs petites branches croisans les principales. Pour compenser ces choses (aians à eslire [39] [D iij] le temps, sans contrainte) en Lune nouvelle étesterons ceux de nos Meuriers, estans en maigre terroir : et en vieille, les autres plantez en gras. Ainsi, ceux-là se fourniront de vergetons, autant longs, que la foiblesse du terroir le permettra : et ceux-ci, pour la force du fonds, se regarniront convenablement : ce qu'à propos ne feroient, taillez en croissant, à cause que leurs vergetons n'estans retenus par les branchillons, s'allongeroient trop, dont versans en hors, difformeroient l'arbre ; iceluy demeurant vuide par le milieu, à la maniere des Palmiers qu'on void peints. cela n'estant à craindre és autres, à cause de la maigreur du fonds, qui jamais ne fait repousser trop abondamment. Par ce moien, se remettront-ils tresbien en bois, plustost toutesfois les uns que les autres, selon la faculté du terroir : mais non aucun si tard, qu'à la troisiesme année, au plus tard, ne se rendent capables de recommencer leur accoustumé service ; pourveu que le fonds soit cultivé comme il [40] appartient. [*Convient labourer le fonds des Meuriers.*] Car en vain se travailleroit-on à bien entretenir les Meuriers par leurs branches, si on ne tenoit conte de leurs racines, dont à la longue defaudroient : comme en telle faute tumbent ceux, qui pour espargner le labourage, plantent leurs Meuriers dans des prez, ou empreent leurs Meurieres. En quoy ils se deçoivent, par ne considerer que les Meuriers laissez en friche, ne peuvent rapporter tant, ne de si bonne fueille, que ceux qui sont cultivez. Et si bien se voient plusieurs beaux Meuriers dans des prairies, la response est, Que la terre en est grasse, et en suite, si non contraire, à tout le moins, non du tout bonne pour les Vers : où estant maigre, les arbres n'y dureront longuement, à faute de culture. qui sera pour finir le discours de la victuaille de nostre bestail, pour luy faire son logis.

[*Logis des Vers-à-soye.*] Convient aussi dresser logis à nos magniaux, avec telle commodité, qu'aisément puissent faire leur travail, pour nous rendre abondance [41] [D iiij] de bonne soye. Ce que vainement l'on espereroit, les logeans en lieu mal propre et contraire à leur naturel : car ainsi qu'ils ne peuvent estre trompez en leur nourriture, sans notoire perte, non plus souffrir mauvaise habitation. Et comme il ne faut entreprendre de planter la vigne, si on ne se pourvoid de caves et de tonneaux pour le vin : ainsi seroit-ce pour-neant qu'on edifieroit la Meuriere, sans, en suite, donner quartier aux magniaux. Toute telle habitation desirent-ils que les hommes ; assavoir, spacieuse, plaisante, saine, loin de mauvaises senteurs et humiditez, chaude en temps froid, et fresche en chaud. Ni au rez de chaussee, ni sous l'entablement des couvertures prez des tuiles, ne faut loger les Vers-à-soye ; à cause des intemperies de ces deux contraires assietes ; dont l'une peut estre trop humide et l'autre trop esventee, trop chaude, et trop froide, selon les saisons. Toutesfois ceste-là est supportable, entant qu'on peut dresser les loges des Vers à un seul [42] estage, prez de terre ; pourveu que le plan en soit eslevé de trois ou quatre pieds, pour vuider les humiditez, et dessus y ait des planchers bien joints ; afin que le bestail soit esloigné des tuiles des couvertures, l'approche desquelles luy est tousjours nuisible ; dautant que les vents et froidures penetrent à travers, et la chaleur du Soleil y est insupportable, quand en sa force il frape par dessus. Si pour la capacité de vostre maison, y pouvez commodément faire vostre nourriture, ce vous sera grande aisance, et vous espargnera les frais de bastir des logis à neuf, à ce expressément : faisant vostre compte, que les magniaux provenans de dix onces de graine, se nourrissent à l'aise, [*Supputation de la capacité du logis des Vers.*] dans une salle longue de sept toises, large de trois, haute de deux. Sur lequel avis vous-vous fonderez, pour disposer vostre maison à tel usage : ou qu'aiant à bastir de nouveau, amplifiez de quelques membres vostre edifice : lequel par ce moien se representera tresbien, et s'en rendra-il d'autant plus logeable, [43] que pour les magniaux plus l'aurez augmenté : quand aprez l'avoir occupé quelque peu de temps, vous demeurera libre, le reste de l'annee à recevoir les personnes.

[*Sa disposition.*] Or soit dehors ou dedans la maison du seigneur, qu'on desire nourrir ce bestail, est tres-requis, leurs chambres ou salles estre persees des deux costez, opposites l'un de l'autre, d'Orient à l'Occident, ou du Septentrion au Midi : à fin qu'aians l'aer et les vents libre passage à travers d'icelles, y puissent rafrechir les Vers, lors qu'estans prests d'achever leur ouvrage, sont sur le poinct d'estouffer, pour la soye dont ils sont remplis, et la grande chaleur de la saison. A la charge toutesfois, que les fenestres soient si bien vitrees ou chassissees, qu'on les puisse clorre en autre temps, tant proprement et bien, que les froidures n'y puissent penetrer : estans autant nuisibles aux magniaux, en leur commencement, que les chaleurs, en leur fin. Desirent aussi ces bestioles d'estre en lieu clair, ne souffrans volontairement [44] l'obscurité, de laquelle ils s'ostent recercheans la clairté. L'interieur de ce logis sera crespi, et tant uniment blanchi, que les rats n'en puissent gravir les glissantes murailles : n'y laissant aucunes crevasses, fentes, ne troux pour retraite aux souris, rats, lezars, grillons, ni autre vermine ennemie de noz Vers. [*Ses meubles.*] Aprez, seront les salles ou chambres, meublees de tables necessaires à reposer ces bestioles, qu'on fera de toutes sortes de bois ; dont le meilleur est le plus leger, pour son facile maniement. Aucuns preferent aux ais de quelques bois qu'ils soient, les tables faites de rozeaux ou cannes, refendues ou entieres : non seulement pour l'aisance de la legereté de la matiere, mais aussi pour la santé du bestail, qui se nourrit dessus les canisses ou claies qui en sont faites : attendu certain aër penetrant à travers, le tenant gaiement et sans importune chaleur. Surquoy convient prudemment distinguer les temps : tel aër, n'estant tousjours bon au bestail, ains seulement recercheable [45] à la fin de sa vie, pour rafrechissement. A cela peuvent aussi servir les rozeaux sauvages et gros jonc d'estang et palus : voire la paille de segle, qu'on recouvre à petits frais. De mesme la toille, dont l'on fait des chassis, tendus avec des petits cloux, sur bois leger, est emploiee en cest endroit avec aisance. [*Comment sont dressez les estaudis à tenir les Vers.*] Plusieurs pilliers de bois de charpenterie droitement esquarris, seront perpendiculairement dressez du pavé au plancher, pour supporter les tables, repositoires de noz Vers : lesquelles seront mises sur des petits chevrons traversans les pilliers, equidistamment posez és pilliers de seize à dix-sept pouces l'un de l'autre. Ainsi de telle mesure estans arrangees les tables, les magniaux y seront commodément servis. Mais ne seront les tables d'egale largeur, ains s'excederont l'une l'autre de quatre doigts : la plus basse prez du pavé estant la plus large : et la plus haute approchant le plancher, la plus estroite. Dont l'estaudis, qui sera composé de toutes ensemble, se rendra de figure [46] pyramidale : à l'unité des Vers, qui par telle disposition, seront preservez de ruine ; quand vagans par les bords des tables, d'un bout de l'estaudis à l'autre, cerchans lieu aggreable, pour vomir leur soye, tumbent de haut en bas sur le pavé, où ils se froissent. Perte qu'il ne faut craindre, estans en telle sorte les tables accommodees ; par chacune recevoir les magniaux tumbans de sa superieure voisine, lesquels pour le peu de distance d'une à l'autre table, ne s'offensent nullement. La largeur de la plus basse table, sera limitee jusques à ce poinct ; que facilement, d'un costé, un homme avec la main, puisse attaindre jusques au milieu, pour panser le bestail. Quant aux autres, leur diminution facilitera ce service-là, à mesure qu'on montera en haut, et s'approchera-on du plancher. Plusieurs de tels estaudis seront dressez en chacun membre, salle ou chambre, selon sa capacité, et de telle sorte qu'aucun n'en touche les murailles, de peur des rats : et pour aussi pouvoir de tous costez [47] donner commodément à manger au bestail : par-entre lesquels estaudis, laissera-on des chemins assez larges, pour aisément y passer et repasser. Se prendra-on aussi soigneusement garde, de bien affermir les estaudis, afin que la pesanteur du bestail en s'agrandissant, n'en fasse crouler quelque partie (comme autresfois cela m'est advenu, avec perte) et qu'ils ne s'esbranlent pour l'appui des eschelles qu'on y met contre, allant visiter le bestail : ains demeurent asseurez jusques à la fin. pour telle cause n'y espargnant ne bois ne fer. Diverses sortes d'eschelles se font pour ce service-là, selon la fantasie. Aucuns accommodent à l'entour des estaudis, des aix, sur lesquels l'on va comme par galeries pour panser le bestail, faisans la ronde à l'entour : l'on y monte dés la terre par petits degrez, à ce appropriez. Autres font des bancs hauts et longs de bois leger, pour estre tant plus faciles à remuer, selon le besoin. Autres ne se servent en cest endroit que de l'eschelle commune. [48] Or quelles qu'elles soient les eschelles ou montees, toutes sont bonnes ; pourveu qu'elles servent à ce negoce, jusques-là, que sans trop de peine, par icelles l'on puisse commodément aller paistre et visiter le bestail.

[*La Graine des Vers-à-soye.*] La fin de ces provisions est la Soye, laquelle tant meilleure et plus abondante aurez-vous, que mieux choisie en sera la graine. Considereration commune avec toute sorte d'ensemencement, pour la difference qu'il y a de semence à semence. Car que devez-vous attendre de graine bastarde, que soye bastarde ; quelle bonne fueille que vous aiez, chacun produisant son semblable ? Avec grande curiosité donques, recercherons-nous la plus profitable graine, rejettans celle dont la valeur nous est suspecte. A la preuve consiste la plus seure cognoissance de ceste graine, bien qu'il y ait plusieurs adresses, pour discerner la bonne d'avec la mauvaise. Entre toutes les semences de magniaux, dont nous aions cognoissance, jusques ici avons-nous tenu celle d'Espagne, pour la meilleure, [49] fructifiant tresbien par toutes les provinces de ce Roiaume où l'on fait estat de cete nourriture. Celle de Calabre depuis quelques annees, y a acquis de la reputation ; non tant pour la bonté de la soye qu'elle produit, que pour l'abondance. Cela provient du ploton qui est grand, au respect de celui de l'Espagnole. Et encores que les deux soient durs, signe certain d'abondance de matiere, et qu'à telle raison l'un soit à preferer à l'autre : la qualité l'emportant, la graine d'Espagne sera tenüe au premier rang, en attendant que par reïterees espreuves, nous la puissions raisonnablement postposer à quelque autte. Quant à la graine, qui dés long temps s'est naturalisee és provinces du Languedoc et celles de son voisinage, n'en faut faire grand estat, ne pour la finesse, ne pour la quantité de soye qu'elle rende : car quelque exquise que soit la graine de Vers-à-soye, transportee de loing en tels quartiers, ne s'y maintient longuement en bonté, ains s'abastardit au bout de quelques annees. [50] La graine qui d'Espagne est là directement portee, la premiere annee n'y fait si bien, que les trois ou quatre suivantes : passees lesquelles, commence à descheoir de sa bonté. En la graine mesme se recognoit aussi du changement, par le temps, et en son corps et en sa couleur. car venant directement d'Espagne, elle est petite, coloree de tané obscur ; et gardee, s'engrossit, et s'esclaircit jusques là, qu'au bout de quelques annees, elle devient grize, comme drap gris de Perpignan. Ainsi qualifiee est la graine de magniaux des Sevenes de Languedoc, lesquels tant pour leur propre naturel, que par estre nourris de fueille de Meurier-noir, produisent des coucons ou plotons grands et mols, par consequent peu fournis de soye : de couleur orangee ou jaune doré, notifiant la grossesse de la soye. à la difference de la fine, provenante de graine d'Espagne, dont les Vers ont esté nourris de fueille de Meurier-blanc, et en sont la plus-part des plotons blancs, incarnadins, [51] [E] de couleur de chair. Voila le jugement qu'on peut faire sur la cognoissance de la bonne graine d'Espagne : la meilleure de laquelle, sera la plus petite, et la plus obscure en couleur ; pourveu qu'elle soit vive, non morfondue : ce qu'on preuve à l'ongle, en toutes graines de Vers-à-soye ; tenant pour bonne, celle qui se casse en petillant et jettant humeur. La petitesse de la graine d'Espagne fait le nombre de bestail ; ce qu'accouplé avec la durté des plotons, ne peut faillir de rendre abondance de soye, laquelle pour sa finesse est de grande requeste. Indifferemment toute graine venant directement d'Espagne, n'est telle que desirez, y aiant des contrees en ce Roiaume-là, à ce meilleures les unes que les autres : et que plus loyalement à la façonner, y vont les fideles, que trompeuses personnes. Desquelles particularitez vous-vous prendrez garde, à fin de tant plus profitablement achever vostre nourriture, qu'avec plus d'art l'aurez commencee. [*Changer de graine de quatre en quatre ans.*] A quoy cest article [52] est notable, qu'à l'imitation des bons laboureurs, est requis changer de graine de quatre en quatre ans, ou d'autre terme en autre, selon la raison des experiences. Et pour cela faire avec moins de hazard, sera bon chacune annee avoir quelques onces de nouvelle semence d'Espagne, laquelle mise à-part, conserverez soigneusement, et autant de temps, que treuverez, à la preuve, sa valeur le meriter. Par laquelle resolution, vostre nourriture marchera bon train, et sans confusion se maintiendra-elle tous-jours en bon estat. Ne vous fournissez de vieille graine, pour son infertilité, n'estant d'aucune valeur celle qui passe un an . Et bien que la garde de la graine de ce bestail soit difficile, à cause que d'elle-mesme naturellement s'esclot en saison, si est-ce que l'avarice a tant gaigné, que par trompeuse invention certains imposteurs, forçans Nature, conservent longuement la graine sans esclorre : quand ne l'aiant peu vendre à temps, la tiennent dans des bouteilles de verre en lieu fraiz, mesme [53] [E ij] dans des puits profonds, suspendue avec des cordes prez de l'eau, durant les grandes chaleurs ; ainsi la gardans plus d'une annee, à la perte de ceux qui l'achettent.

[*Tremper dans du vin la graine, avant que la mettre couver.*] Aucuns avant que mettre couver la graine de magniaux, la trempent dans du plus exquis vin qu'ils puissent recouvrer, malvoisie ou autre, treuvans par telle espreuve, que la bonne, comme la plus pesante, va au fond, et la mauvaise, pour sa legereté, nage au-dessus, dont elle est rejettee. Aprés, la bonne retiree du vin, est mise secher au Soleil, ou au-devant du feu, posee sur du papier bien net, couverte avec du linge blanc ou du papier subtil ; afin que trop de chaleur ne lui nuise ; puis est mise couver. Et non seulement sert tel tremper, à distinguer la bonne d'avec la mauvaise graine : ains à legitimer et fortifier la bonne, pour francs et robustes en sortir les Vers, et pour les faire esclorre presque tous à la fois ; selon la prattique des œufs de poule, qui pour mesme cause, sont plongez dans l'eau peu avant qu'on [54] les mette couver. Commodité qu'on ne peut esperer de la graine legere, par n'esclorre qu'à tard (ou rien du tout) dont tardifs demeurent aussi les Vers à toutes leurs œuvres : à l'esclorre, au manger, au filer : voire subjets à maladies, ne pouvans souffrir aucun accident ; ains presque tousjours langoureux, non seulement meurent-ils à peu d'occasion, ains infectent les mieux qualifiez de leur voisinage. Auquel danger, s'expose celuy qui sans distinction, pesle-mesle la bonne avec la mauvaise semence.

[*Comment la couver.*] Couver ceste graine sous les aisselles, ou entre les mammelles des femmes, n'est chose profitable ; non tant pour crainte de leurs fleurs, comme aucuns pensent, que pour l'agitation : ne se pouvant faire que portant la graine sur la personne, l'on ne la tracasse et meslinge ; advenant à tous moments que les Vers voulans sortir de leurs œufs, en sont destournez, par un pas ou saut de celle qui porte sur soy la graine, la renversant toute s'en-dessus-dessous, à la perte du bestail [55] [E iij] qui s'estouffe en la presse de ses semblables. Prenant cest article de plus loin, est tresrequis garder curieusement la graine toute l'annee, pour la preparer de bonne heure à facilement esclorre en saison. L'aiant recouvree, ou de chez vous ou d'ailleurs, la logerez dans des boistes de bois, bien jointes, garnies par dedans avec du papier colé sur les commissures ; afin que par icelles aucune graine ne sorte ; ni entre dans la boiste, ne poussiere ne vermine, ni autre importunité ; ains nettement y puisse demeurer la graine. Ces boistes poserez dans des coffres ou ailleurs parmi des hardes, autres que linge ; à cause de la frescheur de telle matiere, à ceci nuisible, pour y demeurer jusques en la saison de l'emploier. Et à ce qu'elle ne sente aucune importune humidité, ni froidure pendant tel sejour, est requis faire du feu durant l'Hyver en la chambre où l'on tiendra les coffres. car estant plus chaude que froide, la graine s'y prepare de longue-main, comme desirez : ce qu'elle ne [56] feroit, si selon l'ordre d'aucuns, l'on la tenoit dans des phioles de verre, la froidure de telle matiere la retardant d'esclorre. Ces necessaires observations, ont apprins de n'exposer jamais la graine de ces Vers mesmes) à la merci des froidures : ains de la conserver tant reculee des gelees et de l'humidité qu'on pourra. Pour ce faire, avenant de l'envoyer querir en Espagne ou ailleurs, que ce soit durant l'Esté : par ce moien, evitant les incommoditez de l'Automne et de l'Hyver, arrivera chez vous bien qualifiee. Et tout asseurement, si c'est par terre qu'on la porte ; par mer la chose n'estant sans hazard, à cause de l'humidité de la marine, et autres mauvaises qualitez qu'elle a, contraires à telle graine. ainsi que l'interest de plusieurs, avec raison, fait craindre ce danger. La longue garde de la graine chez vous, aide à la naturaliser en vostre aer, dont elle en esclot et mieux et plus tost, que n'y aiant rien sejourné : c'est pourquoy, est requis se fournir de [57] [E iiij] graine incontinent aprez la cueillete de la soye, si faire se peut, sans nullement delaier. Se faut abstenir de visiter trop souvent la graine de Vers, sur tout approchant le Printemps ; de peur que par telle curiosité, l'on ne la destraque, a sa perte. Le temps de mettre couver ceste graine, ne se peut certainement arrester, dautant que la saison hastive ou tardive, gouverne entierement l'ouvrage ; faisant avancer ou retarder les Meuriers, seule viande de ces animaux. [*En quel temps.*] C'en sera donques le vrai poinct, que lors que les Meuriers commencent à bourgeonner, non devant ; afin que le bestail, à sa naissance, treuve de la viande toute preste pour vivre (comme l'enfant, le laict de sa mere) et de n'estre en peine, par faute de fueille de Meurier, craignant de le laisser mourir de faim, de l'entretenir avec des tendrons d'orties, des nouvelles laictues, des fueilles de roziers, et semblables drogueries. Mais estant tumbé en telle necessité, le meilleur sera de se servir en cest endroit, de la fueille [58] d'orme aucunement mangeable par les magniaux, dont ils reçoivent soulagement, pour quelque sympathie qu'elle a avec celle de Meurier. Laquelle peine prevoiant de loin, sera requis planter quelque petit nombre de Meuriers dans le jardin, en lieu chaud, à l'abri de la bize ; et là par bonne culture, fumiers et arrousemens, les haster à bourgeonner tost, par tel artifice, avanceant son tardif naturel. Et ce sera pour eviter la perte du bestail, quand estant de nouveau esclos, la fueille de Meurier se gaste universellement, par gelees et frimats survenans à l'impourveu (ainsi que cela s'est veu en Languedoc, Provence, et és terres voisines ces annees passees) si l'on tient tels Meuriers destinez à ce particulier service, couverts contre le mauvais temps, à la maniere que le prudent jardinier tient ses precieuses plantes : lesquels Meuriers preservez de telles tempestes, nourriront le bestail, en attendant que les autres arbres aient rejetté. [*Danger du trop se haster et retarder à faire esclorre la graine.*] Et comme par trop se [59] haster l'on choit en ce danger-là, et en consequence par famine, en peril de perdre le bestail en son commencement : aussi le delaier de faire esclorre les vers, les expose au hazard de les faire mourir sur leur fin, quand par telle tardiveté, leur montee se rencontre en temps fort chaud, contraire à leur naturel. Par ce, qu'estans lors eschaufez, pour la soye dont ils sont remplis, ne demandent que rafrechissement, pour, à l'aise, parfaire leur tasche. A telles difficultez est pourveu par le moien des Meuriers avancez, sus-mentionnez, lesquels fournissans fueille primeraine, sans regret, avancerez de mesme l'esclorre des Vers : ce qui se rapportera à la fin de leur vie, dont elle demeurera d'autant plus asseuree, que moins aurez à craindre se rencontrer au temps des grandes chaleurs. Ne sont tant importunes les froidures restantes de l'Hyver, au commencement de la vie des Vers ; que les chaleurs à la fin d'icelle : dautant qu'aux froidures, y a quelque remede pour le soulagement [60] des Vers, qui est en les tenans en lieu bien cloz et eschaufé, avec des braises, durant les mauvais jours de froid : mais contre les chaleurs, autre ne se treuve, que la commodité du logis, seul moien de garentir ces bestioles de telle nuisance.

[*Quel estat de Lune à ce desirable.*] Le poinct de la Lune, est ainsi observable en ceste action. Les Vers-à-soye desirent d'esclorre et de filer la soye, durant la montee de la Lune, dautant que lors se treuvent plus robustes, qu'en sa descente. Cela ne se peut accorder par tout, ni en tout temps ; pour la diversité des regions et des saisons, plus chaudes ou plus froides les unes que les autres, raccourcissans ou allongeans la vie de ces animaux. Si estes en lieu auquel les magniaux emploient huit sepmaines à leur besongne, ainsi que communément font en l'endroit plus froid que chaud ; ou en temps extraordinairement refroidi, la chose rencontrera en telle sorte, qu'en semblable poinct de Lune qu'ils esclorront, ils fileront aussi. Parquoy, naissans au [61] premier quartier de la Lune, huict sepmaines aprez estant aussi le premier quartier, les Vers se treuveront filans. Mais où, par le benefice du climat, la nourriture est plus avancee, comme vers Avignon et par tout son voisinage, n'estant plus longue que de quarante ou quarante cinq jours, n'est possible ainsi disposer ce negoce, pour l'imparité des jours. Parquoy, laissant l'evenement de la fin en la main de Dieu, la nourriture se commencera en la montee de la Lune (si toutesfois la fueille des Meuriers ainsi le permet, qui jette le fondement de ce mesnage) à ce que les Vers fortifiez dés leur commencement, par l'influence de telle planete, quand-et-elle, aillent en augmentant. Les faisans naistre despuis le second ou troisiesme, jusques au cinquiesme ou sixiesme jour de la Lune, la montee de ces bestioles, selon la supputation derniere, tumbera vers le commencement de la descente de la Lune, quelques jours aprez sa pleneur, laquelle aiant lors encores [62] beaucoup de force, en communique aux Vers à suffisance.

[*Preparer les boistes pour y faire esclorre les Vers.*] Pour faire esclorre la graine à poinct nommé, la faut remuer de son premier vaze, en boistes de bois, garnies en dedans avec du cotton ou avec des estoupes deliees ; colees contre, aprez couvertes d'un papier blanc ; afin de contenir la graine, chaudement et sans perte. Au dessus de la graine, mettra-on un petit lict d'estoupes, et sur iceluy un papier druement percé, comme un crible, à trous menus, chacun capable d'y passer un grain de millet seulement. A travers les estoupes et le papier percé, passeront les Vers sortans de leurs œufs, aprez en avoir laissé les escailles sous les estoupes, s'allans attacher à la fueille de Meurier, à cest effect posee au dessus du papier percé, d'où prins sont transportez et logez ailleurs, comme sera monstré.

[*Tenir chaudement les boistes avec la graine dedans. Et*] Et à ce que cela advienne ainsi qu'il appartient, faudra aider les Vers à esclorre, en ajoustant à leur naturelle [63] chaleur, celle provenante de l'artificiel eschaufement. On tiendra continuellement les boistes dans un lict bien encourtiné, entre deux coëttes de plume, moderément eschaufees avec la bassinoire. [*Les visiter souvent, pour en retirer les Vers esclos.*] De deux en deux heures, sans y espargner la nuict, l'on les visitera, pour en retirer les Vers, à mesure qu'ils naistront. Telle frequente visite est necessaire ; tant pour ceste cause-là, que pour renouveller la chaleur du lict, en le rebassinant souventesfois, à fin de tenir la semence egalement chaude ; de peur que par paresse, la laissant refroidir, elle ne se morfonde, à la ruine des Vers. [*Loger les Vers dans des cribles, et là les tenir chaudement.*] Des boistes l'on sortira les nouveaux Vers, pour les arranger dans des cribles avec du papier au fond, ou autres vazes appropriez à les recevoir en leur commencement : et de peur de les blesser en les remuant, comme à ce leur tendreur les assubjettit, l'on ne touchera que la fueille, à laquelle s'estans les Vers attachez, avec icelle, seront enlevez et logez dans les vazes. [*Leur sera accoustumé l'aer petit-à-petit.*] Là seront chaudement [64] tenus durant quelques jours, pendant lesquels, petit-à-petit, leur accoustumerez l'aer ; afin que la violence du changement ne les face perir. Comme au contraire, periroient-ils par trop de chaleur, si on ne s'avisoit de la temperer par raison, allant de degré en degré, les tenant moins chaudement un jour que l'autre, à mesure qu'ils s'avancent en temps, sans retrograder ; c'est à dire, de ne les approcher plus de la chaleur, aiant commencé de les en esloigner ; pour crainte de les cuire ou estouffer, jusques à ce que l'aage descharge leur gouverneur de telle peine. [*Reposeront sur des licts bien fermez pour quelques jours. puis*] Les cribles, grandes boistes, ou autres receptacles, couverts de linge, garnis au fond de papier, seront mis reposer dans des licts fermez avec des rideaux, pour parer ces bestioles des vents et froidures, pendant les quatre ou cinq premiers jours de leur tendre jeunesse : [*Sortis des cribles, en chambrete chaude estendus sur des tables.*] puis de là, seront transportez dans une chambrete, chaude et bien close, hors de la puissance du vent, sur des tables bien nettes et polies, [65] couvertes de papier, pour commencer à y tenir rang. Prez à prez les uns des autres, l'on les logera, afin qu'ainsi pressez, par unité, conservent leur naturelle chaleur, ce qu'ils ne pourroient faire, estans au large en ce commencement, jusques à ce, qu'engrossis, plus ample logis leur soit donné. [*Sans confusion d'aage ne de race.*] Mais ce sera sous ceste necessaire observance, que de ne meslinger confusément les Vers : ains convient les distinguer par l'ordre de leurs aages, pour l'importance de ceste nourriture, touchant l'aisance et l'espargne. Car si dés le commencement a esté pourveu à cest article avec curiosité, assemblant les Vers par journees de leur naissance, sans les entremesler ensemble, sans desordre, l'on les verra s'entre-accorder durant leur vie en toutes leurs œuvres : en mangeant, en dormant, en filant, avec beaucoup de plaisir, accompaigné de profit, pour l'abondance de soye qui en sortira : but de ce mesnage. A faute de laquelle singularité, confusion aviendroit à vostre nourriture, ne [66] s'accommodans jamais les vieux magniaux avec les jeunes : voulans les uns dormir, tandis que les autres mangent, et manger quand il est question de monter : mais avec la disposition susdite, l'ouvrage parvient à bonne issuë. Par telle distinction les races sont separément conservees, comme il en est tresrequis ; pour se servir des especes de ce bestail, selon l'avis qu'on prendra de leur valeur, par l'effect de leur besongne.

[*Les* Garbillos *des Espagnols.*] En lieu des cribles et grandes boistes, dont nous-nous servons en cest endroit, les Espagnols s'accommodent de vazes qu'ils appellent, *Garbillos*, faits avec de la paille, d'ozier, de jonc, ou d'autre matiere legere, qu'ils enduisent en dedans avec de la fiente de bœuf, dont ils y font une incrustation : laquelle sechee au Soleil, rend les vazes odorans, de senteur agreable aux Vers, et chauds à suffisance. Lesquelles qualitez jointes à la capacité des vazes, font que d'iceux se servent assez longuement. car c'est jusques à la troisiesme mue qu'ils y tiennent [67] [F] les Vers : faisans si grands ces *Garbillos*, et s'en fournissans de si grand nombre, qu'il suffit pour satisfaire à leur dessein.

[*Logis tres-propre pour les Vers en leur premiere jeunesse.*] Pour plus d'aisance, un logis aux Vers est expressément dressé, pour les y tenir unis, ensemble, neantmoins, par distinctes separations, jusques à la seconde ou troisiesme muë, si on veut : où ils se conservent et chaudement et hors du danger des souris, chats, poussieres, et autres injures, avec plus d'asseurance, qu'en autre endroit. C'est comme une grande garde-robbe ou garde-manger, faite à plusieurs estages, esloignez l'un de l'autre de quatre doigts, ou demi-pied, sur lesquels le bestail est reposé, sans aucunement se presser. Ces estages sont comme petits planchers, composez, ou de legers aix de bois de sapin, ou d'autre à ce propre, ou de rozeaux refendus, ou de longue paille, et tant proprement posez, qu'on les puisse separément oster et remettre à volonté, et en glissant comme liétes, pour facilement visiter et panser [68] le bestail. On les enduira de fien de bœuf à l'Espagnole, si ainsi on le desire : et telle curiosité aura esté treuvee utile, à ce que rien ne defaille à l'eslevement de ce bestail. Le logis sera entourné de toile cloüee à des huis, comme chassis ouvrans et fermans de trois costez : et audevant des chassis, un ventau sera ajousté, pour au besoin en le fermant, tant plus chaudement tenir le bestail, et en l'ouvrant luy donner de l'aer, comme l'on voudra. Ainsi, avec beaucoup de commodité, les Vers seront logez en leur premiere jeunesse, qui est lors que plus ils en ont de besoin, passans en asseurance ces pas glissans de leur tendre aage, où plusieurs perissent, par faute de bonne habitation : pour, fortifiez avec le temps, sortis de là, estre remuez en plus ample logis, comme sera monstré.

[*De les faire naistre dans peu de jours, est necessaire.*] Est à souhaiter que les Vers naissent tous dans quatre ou cinq jours d'intervalle, depuis les premiers, jusques aux derniers esclos, ne faisans jamais guiere bonne fin ceux qui tardent [69] [F ij] davantage ; ains chetifs et paresseux achevent leur vie en langueur, souventesfois sans profit. C'est pourquoi à ce l'on incite la graine, la chauffant avec curieuse diligence, comme a esté monstré : moiennant lequel ordre, peu de graine reste à esclorre. Il ne faudra donques faire estat de la graine qui sera restee dans les boistes aprez ledit terme, ni des Vers aussi qui seront ainsi tardifs : ains tout cela rejetter comme inutile. Telle naissance de compagnie est l'un des plus notables articles de ce mesnage, dont finalement avec espargne, sort le profit selon le project, pource qu'estant ce bestail né presques en mesme jour, plus facilement est-il traitté, que s'il estoit de divers aages. [*Ce bestail craint le froid et le chaud.*] J'ay aussi dit qu'il souffre beaucoup par les froidures et par les chaleurs, et en tous aages : car jeune, le froid l'importune estrangement, aiant grande prinse sur luy, le plus debile et delicat bestail qui se nourrisse : et vieil, le chaud le tuë, quand en sa grande force, le treuve gros et importun, pour [70] la soye dont il est rempli, qui le contraint recercher la frescheur. [*Remedes.*] Par contraires remedes l'on pourvoid à ces choses : mais avec moins de difficulté pare-on les Vers de la froidure, que de la chaleur. C'est en les tenans estroittement en leur commencement, et largement à la fin, peu-à-peu selon leur aage les eslargissant, pour finalement les mettre du tout à leur aise sur les estaudis. Cependant emploier à propos, selon les occurrences, les échaufemens, par l'aide du feu : et les rafrechissemens, par les ouvertures des fenestrages du logis.

[*Ont quatre maladies naturelles et ordinaires :*] Les Vers-à-soye, durant leur vie, changent quatre fois de peau (ainsi que les serpens, une seule l'annee) qui leur cause autant de maladies : pendant lesquelles ne mangent du tout rien, mais, immobiles, ne font que dormir, passans ainsi leur mal. Ces maladies (pour ces raisons, appellees des Espagnols, *Dormilles*) sont comparables à celles des petits enfans, Verole, Rougeole, Sinipion, Esclate, et autres, que de necessité ils ont en [71] [F iij] leur jeunesse, desquelles ils sortent estans bien gouvernez. Ainsi par bonne conduite nos Vers se sauvent de ces maux necessaires, evitans le peril de mort : toutesfois avec plus de difficulté des dernieres que des premieres, pour l'aage : en estans plus travaillez vieux, que jeunes. comme il avient aux hommes, qui n'aians eu en saison les maladies de la jeunesse, en estans frappez plus tard, plus dangereuse en est aussi l'issue. [*Aussi des accidentales.*] Outre ces maladies ordinaires, en ont les magniaux, des accidentales, provenantes du temps, de la viande, du logis, de la conduite : lesquelles on guerit moiennant particuliers remedes, comme sera monstré. En la cure des ordinaires, point d'artifice, il ne faut que s'abstenir de leur bailler à manger, lors que les Vers refusent la viande, et leur en donner moderément, l'appetit leur estant revenu : tousjours les paistre de bonne fueille et nettement les tenir. La premiere maladie, muë, dormille, despouïllement (diversement appelee) avient au huitiesme ou dixiesme [72] jour de leur naissance : les suivantes, huit ou dix, l'une de l'autre, plus ou moins, selon le climat et qualité de la saison, desquels la chaleur raccourcit l'intervalle de ces termes. A quoi sert aussi la bonté de la viande, et la diligente solicitude : car tant plus l'on donne à manger à ce bestail de fueille bien qualifiee (si toutesfois manger ils veulent) tant plus en sera courte leur vie.

[*A quoi remarquer leurs maladies.*] La maladie des magniaux se recognoit premierement à la teste, qui s'enfle lors qu'ils veulent muër ; dautant qu'en tel endroit commencent à se despouiller, mais plus apparemment és dernieres muës qu'és suivantes ; ne pouvant en la premiere, presque discerner que c'est, pour la peritesse de l'animal. Pendant qu'ils dorment, se faut abstenir de leur donner à manger (car aussi ce seroit peine perdue) seulement quelque peu de fueille leur jettera-on, pour sustenter ceux d'entre les dormans, qui veillent : lesquels par ce moien, discernez, seront separez d'avec les autres, [73] [F iiij] pour estre assemblez avec ceux qui sont de mesme aage. Un couple de jours leur tient chacune maladie ; au troisiesme commenceans à se remettre en santé : ce qu'on recognoit au manger, qui leur revient avec beaucoup d'appetit. Lors on leur rebaillera la viande, mais peu, afin de ne les saouler trop tost, augmentant leur ordinaire de jour à autre, selon qu'on les verra affectionnez à repaistre.

[*Leurs repas limitez.*] Deux fois le jour, matin et soir, à heures certaines, donnera-on à manger aux Vers, et ce despuis leur naissance jusques à leur seconde muë ou dormille, ainsi limitant leurs repas. De la seconde à la quatriesme et derniere, trois fois : et d'icelle jusques à la fin de leur vie, quatre, cinq, six, et en somme, autant qu'il vous plaira, et que verrez le bestail pouvoir manger. Car lors ne leur faut espargner la viande, ains en les saoulans, les achever de remplir, les hastans à force de manger à parfaire leur tasche. Et comme le tonneau ne versera jamais, s'il n'est plein : aussi ces Vers ne [74] vomiront leur soie, que leurs corps n'en soient remplis : laquelle s'engendrant de la fueille de Meurier, tout aussi-tost se treuve-elle preste à estre filee, que la quantité de fueille destinee par Nature à telle œuvre, aura esté dissoute. Par telle solicitation ne se consume plus de fueille, que si on la distribuoit escharcement : dautant que dans huict jours, les magniaux en mangeront bien autant, peu-à-peu ; que dans quatre, donnee liberalement. Donc, c'est sans occasion qu'on craint la despence, qu'au contraire de telle liberalité (outre que tout bien compté, ne se despend rien davantage) provient ceste espargne, que gaignant-temps, les fraiz de la nourriture en deviennent moindres. [*Qualitez de la fueille tresconsiderables.*] Aprez, trescurieusement remarquera-on les qualitez de la fueille, comme article donnant coup à ceste nourriture. Toute fueille n'est à ce propre, quoy-que produite par Meuriers sans reproche : avenant quelquefois que par extremité de secheresse ou d'humidité, par bruines, gouttes [75] chaudes et autres intemperies du temps, toute la fueille ou partie des meilleurs arbres, devient jaunastre ou tachetee et maculee, signe de pernicieuse nourriture. De telle ne faut faire estat, non plus que de celle croissant hors le regard du Soleil, dans l'interieur des arbres touffus ou és valees ombreuses : ne de la mouillee par pluies ou rosees, ains convient renvoier au loin ces fueilles-là, comme viciees, sans nullement s'en servir, de peur de faire mourir le bestail. La fueille de rejet mettra-on en mesme predicament ; c'est à dire, celle qui comme regain des prez, sort des arbres ja effueillez, laquelle les ignorans emploient à faute d'autre : mais avec trop de hazard, à cause de sa maligne substance, contraire à l'animal, cela provenant de l'inegalité de leurs aages. Car il ne faut qu'un repas qu'on leur en donne, pour les faire perir de flux de ventre, que telle nouvelle fueille leur acquiert : parce que pour sa tendreur le bestail en mange de si grande affection, qu'il s'en remplit [76] jusques à crever. [*Maxime notable.*] Partant, ceci sera pour maxime, Que les Vers-à-soye seront tousjours nourris de fueille de leur aage, afin que par bonne correspondance, aussi foible et forte se rencontre la fueille, que foible et fort sera le bestail, selon le temps de leurs communes naissances. Le vice de la fueille mouïllee, se corrige par patience. car il ne faut qu'attendre que les pluies soient passees et les rozees abbatuës, pour l'amasser, s'y mettans en œuvre aprez que le Soleil aura frappé quelques heures dessus les arbres, non jamais devant. Mais des autres mal qualifiees, il n'y a aucun moien pour les corriger, desquelles, comme pernicieuse viande, se faudra abstenir. L'on ne se sçauroit prendre garde de la despence de ces precieux animaux, durant leurs trois premieres sepmaines, à cause de leur jeunesse et petitesse de corps, qui les fait contenter de peu, et ce peu encores prins és endroits perdus des arbres, comme és pieds ; d'où, pour le profit des arbres, aussi le faudroit couper. Au commencement [77] l'on va à la fueille à pleins mouchoirs, aprez avec des petits panniers, puis à-tout des grands, et finalement emploie-l'on à cest avictuaillement, et corbeilles et sacs, leur croissant de mangeaille, à mesure qu'ils s'avancent en aage.

[*Le gouvernement des magniaux se tiendra nettement.*] J'ai monstré combien est necessaire la fueille estre maniee ayant les mains nettes, pour le danger provenant de saleté. De ce poinct se prendra garde le gouverneur de ces magnifiques animaux pour luy-mesme estre exemple de netteté à tous ceux qu'il a sous sa charge ; afin qu'aucun d'eux n'en approche autrement qu'il appartient. [*Boira de bon vin, avant qu'approcher de son bestail.*] Le gouverneur n'oubliera de boire un peu de vin dés le grand matin, avant que se mettre en œuvre, à ce qu'en communiquant l'odeur de telle liqueur aux Vers, il les preserve de toute puanteur, specialement de la mauvaise haleine des personnes (plus forte estant à jeun qu'aprez avoir mangé) que ces animaux craignent beaucoup. [*Les Vers ne seront visitez de beaucoup de personnes.*] C'est pourquoy l'entree dans leurs logis n'est permise [78] à toutes sortes de gens indifferemment, par là evitant le mal que la trop libre frequentation apporte au bestail : ce que le vulgaire superstitieux, sottement, attribue à l'œil, croiant y avoir des personnes qui par leur regard, apportent mal'heur aux Vers : mais c'est plustost, voire asseurément, le souffle de mauvaise senteur, qui luy cause des indispositions. [*Leur logis sera tenu nettement.*] Pour lesquelles considerations, le logis sera par chacun jour curieusement baloié : et pour le tenir en bonne odeur, faudra souvent arrouser le pavé avec du vinaigre, aprez le couvrir de quelques herbes de bonne senteur, comme de lavande, d'aspic, de rosmarin, de thym, de sarriete, de serpollet et semblables : y ajoustant par fois, [*Sera parfumé quelques-fois.*] du parfum, faict avec de l'encens, du benjoin, du storax et autres drogues odoriferantes, qu'on bruslera sur des charbons, parmi les salles, et chambres. [*Les tables souvent nettoiees.*] Seront de mesme les tables des magniaux souvent nettoiees, ne souffrant que le bestail sejourne longuement sur la lictiere, laquelle on ostera [79] de trois en trois, ou de quatre en quatre jours, aprez la seconde muë, pour du tout nettement et freschement tenir le bestail, lors mesme que les chaleurs s'approchent, dont il est importuné : jusques adonc n'estant requis d'y aller tant curieusement, par estre la lictiere durant les froidures plustost utile que nuisible au bestail, chaudement se tenant parmi elle, pourveu aussi qu'on n'abuse de tel relasche, y en laissant par trop.

[*Remedier aux inopinees froidures.*] A l'impourveu quelquesfois retournent des bouffees violentes de froidures contre l'attente et le cours de la saison, tresnuisibles à noz Vers. A ces evenemens l'on remedie, en tenant curieusement closes toutes les ouvertures du logis, portes et fenestres, jusques aux moindres : et en eschaufant le dedans, avec des braises qu'on y apporte en divers endroits. La paresse du gouverneur a donné ce blasme à nos magniaux, que d'estre estimez puants, dont plusieurs les abhorrent. Ce sont les pellicules de leurs despouïllemens et leurs charongnes [80] mortes, meslees parmi la lictiere, faite du residu de la fueille, qui sent le vert, d'où provient toute la puanteur qu'on treuve dans les chambres : non de ces nobles animaux, qui d'eux-mesmes ne sentent rien, aians de leur naturel autant en detestation l'ordure et l'infection, qu'ils aiment les bons odoremens. Moiennant l'ordre susdit, non seulement gouvernera-on ce gentil bestail avec profit, ains en sera son habitation rendue plaisante : et sentant bon, comme boutique de perfumier, sera treuvee d'agreable sejour pour des personnes honnestes. Aussi est-ce pour gentils-hommes, dames, et damoiselles que ces excellens animaux travaillent.

[*Necessaires maximes.*] Que doncques le gouverneur de nos Vers pense à estre diligent en sa charge : Qu'il ne laisse inconsiderément visiter son bestail à tous venans, avec trop de liberté, de peur que par fraude, ne leur mesavienne : Qu'il tienne le logis net : Qu'il n'espargne les perfums, pour opportunément les emploier : Qu'il soit scrupuleux [81] à la fueille, pour n'en donner au bestail, que de parfaitement bonne, à ceste cause, qu'il commande aux amasseurs, de ne se mettre jamais en œuvre sans avoir lavé les mains, et y tienne l'œil : Qu'il laisse plustost avoir faim à son bestail, que, par impatience, le paistre de fueille mal qualifiee.

[*L'ordre requis à remuër le bestail.*] En ostant la lictiere, tout-d'une-main est remué le bestail de place en autre, à son grand contentement. Pour cela commodément faire, à l'un des bouts de chacun estaudis, sera laissee certaine place pour mettre les Vers, qu'on prendra joignant icelle, en autant d'estendue de table, laquelle par ce moien se treuvant vuide, recevra les Vers de la partie voisine ; et ainsi des suivantes, dont tout le contenu en l'estaudis, se descouvrira et recouvrira alternativement, par portions ; à la maniere que pour secher le foin au pré, on le renverse, le plein remplissant le vuide. Ainsi sans porter loin le bestail, sera-il doucement posé prés de son giste, et ce sera sans aucunement le toucher, de [82] peur de l'offenser pour sa delicatesse, si à l'instant qu'on le voudra changer de place en autre, on luy donne à manger : car il ne faudra que prendre les fueilles esquelles aussi-tost se seront attachez les Vers, pour les enlever, et sans les reposer en aucun lieu, les loger tout d'un trait où l'on desire. Sera besoin disposer de telle sorte les tables, que sans esbranlement, par pieces separees, facilement on les puisse toutes oster et remettre en l'estaudis, pour l'aisance du nettoier. Car par ce moien, tirees de l'estaudis, comme liées, l'une apres l'autre, on les frappera contre le pavé, afin de les descharger d'ordure, aprez on les baliera et espoussetera parfaitement bien.

[*Tant plus les magniaux vivent, tant plus au large convient les loger. et*] A mesure que par l'aage, les magniaux s'accroissent et engrossissent, vont de jour à autre occupant plus de place : dont est necessaire tenir prestes des tables de relais, afin de recevoir ceux que separerez de la presse des autres, et les mettre tous à leur aise, pour ensemble tresbien fructifier. [83] [G] Car c'est chose bien experimentee, que peu de magniaux nourris au large, rendent plus de soye, que grand nombre serrez à l'estroit. [*Frotter les tables avec du vin, etc.*] Ferez frotter les tables, avant qu'y remettre les Vers, avec du vinaigre, ou d'autre vin, et avec des herbes odoriferantes pour les resjouir. Comme aussi se plaisent-ils à la senteur des pourreaux, des aux, des oignons, si la leur accoustumez dés jeunesse ; contre l'opinion de ceux qui tiennent ces fortes senteurs leur nuire, pour ne l'avoir bien experimenté. ce doute aiant esté suffisamment esclairci par la preuve. Et non seulement resjouïssez vos Vers par aggreables senteurs, ains les en soulagez en la plus-part de leurs maladies. Sur quoy. parlerons de leurs maux et de leurs remedes. [*Causes des maladies des Vers. et*] Les extremitez des froidures et chaleurs ; le trop ou trop-peu manger ; le paistre de mauvaise fueille, sont les principales causes des maladies extraordinaires de ce bestail. [*Leurs remedes.*] S'il est travaillé de cause froide ; par chaleur on le secourra, en fermant le logis, comme [84] dessus, et en le perfumant avec de l'encens et autre matieres odoriferantes : auquel perfun aucuns ajoustent du lard et des saucissons coupez par roüelles. Le bon vin, le fort vinaigre, et l'eau-de-vie, confortent ces animaux, aians esté refroidis. Si par chaleur, faudra recourir à la fraischeur, en ouvrant portes et fenestres, pour donner passage à l'aer et aux vents, passans à travers des chambres et salles, esventans l'interieur, au contentement des Vers, se remettans par ce seul et petit remede. N'estant le logis si bien disposé que de besoin, seront les Vers portez par tables, dehors à l'aer, pour le leur faire humer, demie heure devant Soleil-levant. La diéte, est le vrai moien pour guerir ceux de ces animaux qui par trop avoir mangé, sont devenus malades. L'on ne leur baillera rien d'un couple de jours, passez lesquels, ce sera fort sobrement qu'on les paistra et peu à la fois. Comme aussi peu-et-souvent, convient donner à manger à ceux qui par famine, sont devenus langoureux, pour [85] [G ij] les remettre et saouler sans les engorger. [*Mal tres-dangereux, et*] Le mal est bien plus difficile à guerir, de ceux qui ont esté repeuz de mauvaise fueille, comme de la jaune, maculee, ou trop nouvelle. car souventesfois, de ceste-ci, ainsi qu'a esté dit, leur avient flux de ventre, qui les créve : et de celle-là, la peste toute certaine. De ceste maladie-ci les magniaux viennent tous jaunes et tachetez de meurtrisseures ; de quoi vous apercevant tant soit peu, ne faillez de les remuer diligemment en chambre et tables separees, pour essaier de les sauver par bon traittement, ou du moins, pour eviter la contagion au reste du troupeau. [*Cestui-ci, incurable.*] Mais tenez pour desesperee, la guerison de ceux qu'avec les marques dittes, verrez baignez au ventre, par certaine humeur leur decoulant en telle partie du corps, qu'enleverez d'entre les autres, pour viande aux poules. Comme les perfuns aident à guerir toutes les maladies de ce bestail, aussi le remuër de chambre en autre, luy est generalement salutaire ; par tel changement, [86] estant remis en vigueur. [*Profit de la curieuse diligence.*] En aucune ou peu de ces maladies-ci, n'entreront les Vers, si leur gouverneur les manie avec l'artifice et diligence susdits : à quoi outre hazard de tout perdre, s'espargne la peine : estant beaucoup plus aisé a destourner le mal, par prevoiance, que le curer par medicamens. Où premierement l'on visera, afin que par negligence, l'on ne se prive du profit esperé de ceste nourriture. La solicitude estant requise tresgrande à la conduite de ce bestail, contraint ceux qui l'ont en charge, non seulement de luy estre au-tour, durant tout le jour ; ains d'y emploier bonne partie de la nuict, pour les secourir à toutes occasions, lesquelles curieusement l'on recherchera. [*Chasser aux rats, destructeurs de nos Vers.*] Les souris, rats, chats, font grand degast à la troupe de nos Vers, quand ils y peuvent attaindre, les mangeans avec grand appetit ; comme exquise viande. Contre telles tempestes, pour singulier remede, l'on tient des lumieres durant la nuict au-tour des magniaux, dont l'interieur des logis [87] [G iij] en estant esclairé, les rats et chats n'y vont qu'ne crainte. Et sont du tout chassez, par le son des clochetes qu'on tinte souvent. De l'un et de l'autre l'on s'accommodera, disposant des lampes és endroits requis, et en divers lieux : aussi des sonnetes, clochetes, et autres drogueries menans bruit, mises en lieu facile à les remuër. Mais tout cela en vain, si souventesfois la nuict on ne va faire des rondes à l'entour du bestail ; à quoy servira la lumiere, qui esclairant, donnera moien d'aller et venir aisément par tout. [*Qu'aucune huile ne touche sur les Vers.*] Garderez ce pendant qu'aucune huile ne tumbe sur les magniaux. car il n'en faudroit qu'une goute pour leur nuire beaucoup, par les maladies que l'huile leur engendre. Ce que prevenant, ne se servira-on de l'huile pour veiller qu'és lampes attachees és murailles : et pour lumiere à panser le bestail, de chandelles de suif, de cire, ou d'autre matiere, selon le païs.

Par tel traictement, et de la viande et de la main, dans sept ou huict [88] jours suivans le dernier despouillement, vostre bestail se disposera à paier les despences de son entretenement. [*Aprester la matiere aux Vers, pour y filer la soye.*] Ce que prevoiant de bonne heure, ferez preparer les rameaux necessaires à la montee des Vers, pour y vomir leur soye, s'y agrafans. A ramasser les Vers (ainsi appelle-on telle œuvre) plusieurs matieres sont bonnes, mais non aucune rameure verte, pour le danger d'offenser le bestail se reverdissant, mise en œuvre, comme elle feroit, le temps s'addonnant à la pluie. Les plus propres sont le rosmarin, le brusc, les sarmens de vigne, le genest, les jettons de chastanier, de chesne, d'osier, de saule, d'orme, de fresne, et en somme de tout autre arbre et arbrisseau flexible, n'aiant mauvaise senteur. En l'application des rameaux va-on diversement, selon les divers avis des personnes. Aprés avoir nettoié le pied des rameaux, afin de tant moins occuper de place, on les arrangera droictement, comme rangs de colomnes equidistans d'un pied et quart, peu [89] [G iiij] plus ou moins, traversans les tables. Le pied du rameau joindra à la table en bas, et la cime, pour le rencontre de la table superieure et sa longueur, se recourbera és costez, dont se façonneront des arceaux. Par telle disposition, l'estaudis ressemblera à galeries à arcades, à plusieurs estages, les uns sur les autres, comme Amphitheatres antiques. chose plaisante à voir. Le vuide de l'entre-deux des arceaux, joignant la table d'enhaut, est rempli de jettons de lavande, d'aspic, de thym et semblables arbustes odorans ; selon la commodité du païs, pour doublement servir. Car en cest enramement, les magniaux ont à choisir de place, pour fermement y attacher leur riche matiere, comme à cela sont difficiles, y allans fantastiquement : et y sont comme perfumez, par l'agreable senteur de ces arbustes, dont gaiement travaillent-ils en tel endroit, à l'utilité de l'œuvre.

Au septiesme ou huictiesme jour donques, que vos magniaux seront sortis de leur derniere muë ou maladie [90] (maladie proprement pouvant bien appeler telle muë, pour le mal qu'ils y endurent, plus-grand qu'en nulle des autres, souvent jusques à mourir) les remuërez aux tables ainsi ramassees, sans espoir de leur changer plus de place ne de lictiere. Là les nourrirez à l'accoustumee ; c'est à dire, avec toute abondance, sans espargne, jusques à ce que verrez les plus hardis magniaux entrer en fréze, ce qui est prendre la route pour s'en monter ; et laquelle on prevoid par leur extraordinaire contenance, divagans par la troupe, en courant, sans tenir conte de la viande ; et peu aprés les voians escheller par les pieds des rameaux, pour (quittans le manger) s'aller embesongner aprés leur soye. Lors commencerez aussi à diminuer leur ordinaire, jour apres autre, pour en suite ne leur bailler du tout rien, quand, afin de s'enramer, toute la troupe aura abandonné la table, ou peu s'en faudra, ne restans que les tardifs et paresseux. En cest endroit, se recognoissent ceux qui auront fait des longs à esclorre, pour s'en monter [91] les derniers : estant une necessaire consequence, que les premiers naissans, sont les premiers filans, et au contraire. Et comme grand conte ne faut tenir de la graine tardifve à esclorre, non plus convient-il faire estat, des Vers paresseux à monter. [*Assembler les paresseux.*] Parquoy, au bout de trois ou quatre jours, que les premiers auront prins la ramage, enleverez les restans de toutes les tables, pour les rassembler en une, et les y nourrir jusques à leur fin. Ainsi, les hastifs et tardifs magniaux fileront leur soye : ce que commodément ne pourroient-ils faire, quand, sans telle distinction, les derniers se jetteroient sur l'ouvrage des premiers, avec grand destrac : et c'est apparent danger, qu'avant que ceux-là eussent achevé leur besongne, les papillons de ceux-ci, par telle longueur ja formez dans le ploton, n'en sortissent, au detriment de l'entreprinse. [*Combien de temps emploient à filer leur soye.*] Deux ou trois jours mettent les Vers à parfaire leurs escailles, plotons ou coucons (diversement nommez, selon les lieux) au bout desquels, sont-ils [92] du tout achevez, comme on le recognoit en approchant curieusement l'oreille prés d'eux. Car comme ces bestioles font quelque petit et doux bruit en mangeant ; aussi de mesme bruient-elles en façonnant leurs escosses : dont elles cessent, cessans d'ouvrer.

Voila la Soye faite. ce n'est pas pourtant la fin du labeur des magniaux : car c'est par la graine qu'ils achevent de travailler et de vivre, finissans leur vie par leur chere semence, qu'ils nous laissent, pour se renouveller en icelle par chacune annee : et par ce moien, nous conserver la possession de la soye, comme à leurs heritiers. Miracle de Nature. Un Ver s'enferme dans son ploton de soye ; là il se transforme en papillon ; dix jours à cela il emploie ; au bout d'autres dix jours, il en sort par un trou, à cest effect persant le coucon, d'où se desemprisonnant, retourne à la veuë des hommes ; s'accouplent masle et femelle : joints ensemble, la femelle fait ses œufs ou graine : ainsi terminans leur [93] labeur avec leur vie. Et ce qui augmente la merveille, est, la longue abstinence de cest animal, vivant vingt-trois jours sans prendre aucune substance, privé mesme de la clarté, pour le temps qu'il demeure dans son escosse, comme en estroite prison.

[*Animal admirable.*] Or d'entrer en discours sur les qualitez de ceste bestiole, à laquelle notoirement defaillent, chair, sang, ossemens, veines, arteres, nerfs, boiaux, dents, yeux, oreilles, escailles, espines, arestes, pleumes, poils, excepté aux pieds quelque subtile bourre, ressemblant à poil-folet ou duvet, et autres choses communes, presques à tout bestail terrestre, aquatique, et aërin, ce seroit trop philosopher. telle contemplation ravissant l'entendement humain, mesmes en ce que ce Vermisseau, l'une des abjectes bestes du monde, est ordonné de Dieu pour vestir les Rois et Princes : en quoi se treuve suffisant argument pour s'humilier. Et ceste sienne particularité est remarquable, qu'elle rend la riche soye toute filee, preste [94] à devider, vomissant le filet tout fait ; duquel elle compose son ploton, avec extreme soin et affectionné labeur. Ce qui n'est communiqué ni à la laine, ni au cotton, ni au chanvre, ni au lin, dont les hommes s'habillent ; qu'avec artifice faut preparer, pour les rendre au poinct de filer.

[*Estrange moien de se pourvoir de Vers-à-soye, sans semences.*] Ici est à propos de monstrer le subtil artifice que l'homme a inventé pour reparer le defaut de la graine et semence des Vers-à-soye, avenant qu'elle soit perdue. Chose tiree des secrets de Nature et recerchee avec grande curiosité, semblable à la production des mousches à miel, dont les Anciens ont escrit, comme j'ay dit ci devant. Au Printemps un jeune veau est enfermé dans une estable, petite, obscure, seche, et là nourri avec la seule fueille de Meurier vingt jours durant, sans nullement boire, ni manger autre chose durant ce temps-là ; au bout duquel est tué, et mis dans une cuve pour y pourrir. De la corruption de son corps sort abondance de Vers-à-soye, qu'on prend avec des fueilles [95] de Meurier s'y attachans ; lesquels nourris et eslevez selon l'art et commune façon, produisent en leur temps, et soye et semence comme les autres. Aucuns raccourcissans la despence et le chemin, de telle invention, en ont tiré ceste-ci. De la cuisse d'un veau à laict une roüelle pesant sept ou huict livres, est prinse, et mise pourrir en cave fresche, dans un vaze de bois, parmi de la fueille de Meurier, à laquelle les Vers-à-soye sortans de ladite chair, s'attachent : d'où tirez, sont traittez comme dessus. Je vous represente ces choses sous le credit d'autruy, en attendant que la preuve me donne matiere de vous asseurer de ce qui en est. Me plaignant avec Pline, en cest endroit, de nos predecesseurs, comme il faisoit des siens, en ce qu'ils disoient, le vaze de lierre ne pouvoir contenir le vin, et pas un d'eux n'en avoir fait l'experience. A ce que se rencontrant vraie telle creation de Vers-à-soye, et y treuvant de l'avantage, soions delivrez de la peine d'en envoier cercher la semence en Espagne [96] et ailleurs, chacun an, renouvellant le souci de s'en pourvoir. S'il est question de discourir là-dessus, diray, tel engendrement de Vers-à-soye n'estre mescroiable, puis que de toutes choses, en se corrompans, se void tous les jours sortir des vermines, diverses selon les diversitez des matieres. Et soient vivres, habits, meubles, jusques aux bois, par tout, en la terre, en l'eau, en l'aer, en lieu humide, en sec, treuve-on que Nature cree des bestioles, vermisseaux, mouscherons, avec autant d'admiration, qu'admirable est le Createur du monde.

[*Cognoissance de la maturité des Vers.*] Quelques jours avant que les Vers prennent la montee sur les rameaux pour vomir la soye, ils manifestent leur dessein par la lueur de leurs corps, qui devient diaphane et translucide, comme raisins meurissans : auquel poinct recognoit-on aucunement, à la couleur de leur corps, la couleur de la soye qu'ils feront. [*De quelle couleur sera la soye.*] Lors remarque-on les Vers estre diversement colorez, toutesfois distinctement, de jaune, d'orangé, d'incarnadin, [97] de blanc, et de vert, qui sont les cinq couleurs de la soye. [*Distinguer les sexes de ce bestail.*] Aussi discerne-on les masles d'avec les femelles. Les yeux pretendus des Vers satisfont à ceste curiosité ; car la peinture d'iceux és masles, est plus apparente de noir, qu'és femelles, lesquelles en tel endroit, n'ont que de tres-subtiles marques et deliez filamens. [*Les Vers sont de diverses couleurs.*] Quant à la couleur de leurs corps, selon les climats, l'une est à preferer à l'autre. La plus-part de la graine d'Espagne produit les Vers-blancs ; et estant telle graine la plus valeureuse que nulle autre en ces climats, nous priserons aussi plus la blanche, que ni la noire, ni la grise, ni autre.

[*Retirer la soye des rameaux, et*] Apres, avec la mesme diligence dont nous avons cultivé nostre soye, finalement nous la vandangerons, ne pouvant ceste derniere action, qu'avec tres-notable interest, souffrir le delay, non-plus qu'autre recolte de l'annee. L'escume de la soye est la premiere matiere que vomissent les Vers, de laquelle ils jettent les fondemens de leur edifice. Ils l'attachent [98] fermement avec beaucoup d'art entre les rameaux, lesquels chargez de ces riches coucons ; ressemblent à des arbres exquis, qu'on void garnis d'abricots, de poires d'Esté, et d'autres precieux fruicts. Là prend-on les coucons en parfaite meureté ; laquelle se remarque par les adresses dittes. [Quand] Tarder plus de sept ou huict jours à les desramer, seroit se constituer au hazard de convertir la soye en filozelle, pour le loisir qu'on donneroit au papillon de perser son coucon, afin d'aller faire sa graine. C'est pourquoy le plus asseuré sera, de commencer dans le sixiesme jour de la montee des Vers. On les prendra doucement, sans froisser la beste qui est dedans ; par là prevenant les macules des coucons, qui aviennent par leurs corps crevez, se convertissans en humeur tellement gluante, que par-aprés est impossible d'en dévider toute la soye.

[*La graine pour semence.*] Provoiant à l'avenir, l'on avisera à se fournir de graine, pour la conservation de l'engeance. J'ai monstré le but de ce Ver estre, apres avoir [99] [H] ourdi la soye, de faire de la graine, pour se perpetuer parmi nous. A quoy convient limiter sa naturelle affection, de peur que luy laissant faire à plaisir, au lieu de la soye, que nous avons de ce mesnage, nous n'eussions que de la filozelle. Par ce que, pour faire de la graine, le Ver converti en papillon, comme j'ay dit, sort du ploton, qu'à telle cause il perse. Estant persé, les filets de la soye se treuvent tronçonnez, par consequent indevidables et intirables, dont l'on est contraint de carder telle matiere, comme laine, pour apres la filer : laquelle par ce moien, perdant son lustre, ou consiste le plus de la beauté de la soye, d'icelle descheant, est convertie en filozelle. Pour prevenir laquelle perte, et aussi pour n'avoir besoin de tant de graine, comme le naturel des Vers nous en fourniroit : d'une partie des coucons ou plotons, nous-nous servirons pour graine et semence, laissans l'autre, pour le tirage de la soye : ainsi que ci aprez sera monstré. Comme pour avoir des beaux [100] blez l'on choisit les meilleurs espis pour semer ; aussi eslirons nous pour semences, les plotons les mieux qualifiez, sans craindre tant la perte presente avenant du percer, que de souhaiter le profit avenir. [*Marques de la valeur des coucons,*] A telle cause choisirons-nous les coucons ou plotons les plus primerains, les plus gros, les plus durs, les plus pesans, les plus pointus : de couleur de chair ou d'incarnadin, marques de valeur ; en telle quantité qu'on desirera, selon ceste supputation, qu'une once de graine, communément, sort de cent femelles, par l'accouplement de semblable nombre de masles. [*et*] Par recherche curieuse, aucuns tiennent chacune femelle pondre cent œufs ou grains, et partant une once en contenir dix mille grains : mais pour l'inegalité des semences et des poids, cela ne se peut accorder par tout ni en toute sorte de graines. Aucuns pour l'espargne, baillent deux femelles à un masle, croians y pouvoir suffire : mais pour l'incertitude de l'evenement, et la grande solicitude requise en cest endroit, [101] [H ij] pour les accoupler ensemble de fois à autre, le meilleur sera s'arrester à ce que l'experience a authorisé pour bon, c'est en y mettant autant de masles que de femelles. [*De leur sexe.*] Les coucons enfermans les papillons masles, sont greles et longuets : ceux dont sortent les femelles, gros et ventreux par le milieu : et les deux aigus plus en un endroit qu'en l'autre, se rapportans à la figure de l'œuf. Les mousses des deux bouts n'aians aucune poincte ou petite, ne sont à desirer ; ains plustost la race en defaillir, pour la difficulté qu'on treuve à en tirer la soie, n'estant possible, comment qu'on les manie, d'en sortir toute la soye du bassin, pour certain entrelas qui se rencontre és plotons qui sont de ceste figure (non és autres) empeschant de les desvider. chose tresconsiderable et pour la quantité de la soye, et pour la qualité : car, ni tant de soye, ni tant belle s'en rendra-elle estant meslangee de tels coucons, que si elle provient des seuls pointus.

[*Moyen pour retirer la graine.*] Ainsi choisis les plotons, seront [102] enfilez, non en les perceant à travers, de peur de les esventer et par consequent les rendre inutiles ; ains seulement en faisant passer l'esguille par la premiere filozelle appelee, bourrette ; desquels seront faites des petites chaines, chacune composee d'autant de masles que de femelles. On les suspendra sur des chevilles, en chambre plus fresche que chaude, toutesfois seche, pour, à leur aise, les papillons sortir des plotons, s'accoupler ensemble, masles et femelles, et là en mourant de compagnie, faire leur graine, ainsi terminans leur vie. Est necessaire aider au peu d'adresse de ces Vers, estans alors sur la fin de leur aage ; afin de bien mesnager la graine, autrement beaucoup s'en perdroit. A mesure qu'on verra les papillons sortir des coucons, on les accouplera, masle et femelle, si ja ne le sont d'eux-mesmes, à quoy se monstrent-ils tresdiligens ; et estans attachez ensemble, seront pour la derniere fois, mis reposer sur des fueilles de noier, estendues en une table [103] [H iij] dressee sous les coucons, pour y achever leur œuvre, la femelle vuidant ses œufs ou sa graine, dessus la fueille de noier : d'où apres, quoy-que fermement attachee contre, elle est aisément retiree : par ce que la fueille estant bien seche, est facilement reduite en poudre, et icelle emportee par le vent, reste nette la graine, comme l'on desire. Aucuns, avec beaucoup de raison, n'estendent pas la fueille de noier sur la table, ains en font des petits faisseaux, qu'ils suspendent joignant les chaisnes des coucons : attendu que plus facilement la femelle fait la graine estant suspendue par dessus le masle, que couchee de plat sur la table. Faire grener les papillons sur du papier, selon l'usage d'aucuns, n'est le profit de l'œuvre, parce qu'on n'en peut oster la graine qu'en rasclant avec un cousteau, dont beaucoup s'en casse. Mais encores plus mal-à-propos y vont ceux qui posent leurs papillons sur du linge, dautant que s'y coulant la graine tresfermement, elle n'en peut estre [104] retiree, qu'avec perte : pour laquelle eviter, est-on contraint de garder tel linge jusques au Printemps, et lors en le chaufant faire esclorre la graine, et d'icelle en prendre les magniaux. Par tel ordre ne se peut-on servir de l'espreuve du vin ; ne peser la graine, pour sçavoir de quelle quantité de Vers, vous-vous chargez ; dont peut avenir de la confusion en la nourriture. Ni la fueille de noier, ni le papier, ni le linge, ne sont si propres à recevoir la graine sortant de la beste, que le camelot ou la burate : dautant que de telles matieres (la graine s'y estant tresbien attachee) en est de mesme ostee sans aucune violence ne deschet : car c'est seulement en frottant doucement entre les mains le camelot ou la burate, qu'on la fait desprendre.

[*Filozelle.*] Les coucons qui auront servi pour graine, ne pourront par-aprez estre emploiez qu'en filozelle ; non à cause de la matiere, qui tous-jours demeure une ; mais pour le tronçonnement du filet qui a esté coupé par le Ver, [105] [H iiij] en s'y faisant un trou, pour avoir passage hors de sa prison, comme a esté dit. Dequoy s'estans prins garde les Espagnols ; espargnans les coucons mieux qualifiez, pour le tirage, emploient en graine les doubles et triples, sans grande tare de la soye, si autrement ils sont de bonne marque. Aussi ne se peuvent-ils guiere bien tirer, à cause de la multiplicité des bestes, qui, vomissans leur soye en commun, rendent l'ouvrage fort confus : dont ils sont mis au rang des persez pour la filozelle.

[*Les doubles et triples.*] L'estre double ou triple, n'est du vice du Ver, ains plustost de gaillardise et souplesse. Quelquesfois aussi avient du defaut du lieu, qui estant trop pressé, contraint ces animaux, pour filer leur soye, à s'entasser les uns sur les autres, confusément s'assemblans deux ou trois magniaux, et davantage, dans un ploton, sans distinction de masle ni de femelle, bien qu'ignoramment aucuns disent, un coucon double contenir deux bestes de divers sexe. La negligence du gouverneur cause [106] souventesfois tel desordre, quand ne se prenant garde de prez au commencement de la montee des Vers, les laisse aller où ils veulent. [*Les courts et paresseux.*] A quoy pourvoirra-il, en les guidant convenablement : et de mesme relevera ceux qui tumbent à terre : mettra les courts et paresseux dans des cornets de papier, pour faciliter leur ouvrage par là, leur aidant à parfaire leur ploton : sans laquelle diligente curiosité, plusieurs magniaux se perdent, soit en s'estouffans, soit en vomissans leur soie mal à propos parmi leur lictiere. De chacun ploton double ou triple, ne sort qu'un papillon, bien qu'il y en ait plusieurs dedans, dautant que ne pouvans tous estre meurs à la fois, le premier qui en sort en persant le ploton par son issuë, esvente les autres papillons ; dont morfondus, demeurent imparfaits et se meurent, ou seroit que par rencontre, leur commune meureté et issuë, avint en mesme poinct et moment, ce qui ne se void que tresrarement.

[*Le tirage de la soye ne veut estre delaié.*] Pour l'abondance et bonté de la [107] soie, seroit à souhaiter, les plotons estre jettez dans le bassin, pour les tirer, dés-incontinent les avoir arrachez des rameaux sans nullement sejourner, attendu qu'ainsi freschement prins, [*et pourquoy.*] toute la soye en sort facilement et sans violence, ne deschet aucun : ce qu'on ne peut esperer du ploton gardé quelque temps, parce que la gomme, avec laquelle le Ver attache ses filéts l'un contre l'autre, estant sechee, endurcit tellement le ploton qu'on ne le peut desvider qu'avec difficulté et perte, dont quelque portion de soye reste dans le bassin : et ne demeure jamais si belle, que celle qui est recentement et facilement tiree. D'ailleurs, par telle hastiveté, est espargnee la crainte, que les papillons gastent l'ouvrage, ne leur estant donné le loisir de perser les coucons pour en sortir. Mais parce que tresdifficilement pourroit-on, dans sept ou huict jours, tirer toute la soye d'une raisonnable nourriture, pour le grand nombre d'ouvriers qu'à ce conviendroit emploier, l'on [108] tiendra l'une et l'autre de ces deux voies ; c'est assavoir en se mettant en besongne à tirer les coucons, dés-aussi-tost qu'on s'apercevra y en avoir nombre de parfaits, des rameaux les jettans directement dans le bassin, aprés les avoir pelez et despouïllez de leur bourrete, sans autre delay. Et tuer les papillons des autres qu'on est contraint de garder, afin qu'estans les bestes mortes dedans, les coucons restent exempts de la crainte d'estre percez, et par consequent reservez pour la bonne soye, puissent attendre le loisir du tireur. [*Moien de tuer les bestes dans les cocons.*] Cela se fait en exposant les coucons au Soleil de Midi, dont la chaleur estouffe la beste dans son propre ouvrage : mais il y faut user de moien, de peur de brusler la soie. Trois ou quatre fois en divers jours, seront les coucons mis au Soleil, et à chacune, y sejourneront deux heures devant Midi, et autant aprés, afin que la grande chaleur de celle partie du jour, estouffe promptement les Vers, devant qu'estre formez en papillons : ce qu'aviendra en estendant les plotons sur des linceuls, [109] et souvent les remuans leur faire à tous sentir, sans aucun excepter, l'ardeur du Soleil : à la charge toutesfois de se prendre garde que par trop rude maniment, l'on ne froisse les Vers dans le coucon, pour n'embrouïller la soye de la matiere de leurs corps : laquelle (comme a esté dit) englue tellement la soye, qu'impossible est par-aprés de la desvider. Mais tout doucement plusieurs fois le jour, on les remuera d'un costé à autre, puis chaudement seront emmoncelez et envelopez dans des linceuls, et ainsi transportez en chambre fresche, non en cave humide, comme aucuns font, mal à propos. Defaillant le Soleil (comme il avient souvent que le Ciel est couvert) faudra recourir au four moiennement eschaufé, ainsi qu'il pourroit estre deux heures, aprés en avoir tiré le pain ; dans lequel, à pleins sacs, mettra-on les coucons, qu'on reposera sur des aix, pour crainte que les pierres du pavé ne les bruslent. Là demeureront une heure ou heure et demie, en reïterant le [110] moien, jusques à ce que cognoistrez les bestes estre vraiement mortes : dequoy sans grande perte serez resolu, en fendant un coucon des plus suspects pour en voir l'interieur. Vous-vous prendrez garde cependant de ne brusler vostre soye par trop de chaleur, ce que prevoiant, le plus seur sera d'eschaufer moins le four et y retourner tant plus souvent, que trop, et en se voulant haster, perdre l'ouvrage. Cest estoufement de Vers, où papillons ja formez, est de grande importance. car y allant, ou ignoramment ou nonchalamment, l'on ne se donnera garde, que, ou les papillons sortiront du coucon, selon leur naturel ; ou ne pouvans du tout prendre l'aer, demeureront en chemin, apres s'estre efforcez de passer outre, rongeans le dedans des coucons : desquels peu de soye pourra sortir puis aprés, et celle-là encores non guiere bien qualifiee. Mal comparable à celuy des rats ; en ce poinct differens, que les rats rongent l'exterieur des coucons, pour manger la beste qui y [111] est enfermee ; et les papillons, l'interieur, pour se desemprisonner. Les coucons ainsi preparez attendront voirement le loisir du tireur. Mais ce sera avec un jusques-où, afin que sans abuser du delay, vous-vous puissiez conserver la soye en sa naturelle beauté, sans deschet du poids : en l'un et en l'autre tant plus estant desfraudé, que plus longuement les coucons sont gardez. Par ce que de jour à autre, s'augmentant la durté des coucons, de mesme s'augmente la difficulté du tirage : dont la soye se tronçonne avec diminution de la quantité : et par la longue garde, la qualité s'en empire. A ces pertes, remedie la diligence, moyennant laquelle n'estant donné temps au coucon de s'endurcir par trop, la soye s'en retire assez bien : dont le tirage se continura, sans se divertir à autres usages, jusques au dernier coucon. Ainsi recueillirez entierement de ceste nourriture, et soyes et filozelles, sans aucune perte.

[*Assortir curieusement les coucons, pour en tirer la soye.*] Ce fait, les coucons seront assortis, [112] mettans à part les percez, les doubles et les maculez d'un costé, pour en faire de belle filozelle, comme estant de la plus fine matiere : et de l'autre, les entiers, les simples, et les nets, pour en tirer la soye belle et pure : de tous lesquels, pour un prealable, retirera-on la bourrete en poilant les coucons par le dessus, de laquelle l'on fera de grossiere filozelle, dautant que c'est l'escume que la beste vomit au commencement de son œuvre.

[*Des outils du tirage, et autres observations.*] De la façon des fourneaux, des bassins, des rouës ou tours, nommez à Paris, desvidoirs, et à Tours, guindres : ou comment on les doit mouvoir, si ce sera à la main, au pied, ou à l'eau pour le tirage, n'est besoin de parler en cest endroit : presque jamais ne s'accordans ensemble les ouvriers, chacun aiant son style particulier. Seulement dirai-je, que les bassins de plomb rendent la soye plus claire que ceux de cuivre ; à cause de la rouïlle à laquelle ceste matiere-ci est subjete, pour peu que l'eau y sejourne dedans, dont le plomb est [113] du tout exempt. Que les rouës doivent estre grandes, pour l'avancement de l'œuvre ; lesquelles on pourra accommoder à y faire deux escheveaux à la fois. Que le feu du fourneau soit de charbon, ou du moins de bois bien sec ; afin que le feu soit sans fumee, tant pour la commodité du tireur, que beauté de la soye ; laquelle pour sa delicatesse facilement se noircit à la fumee. Aussi est-il en la liberté de l'ouvrier, de tirer diversement la soye selon les ouvrages où on la veut emploier. Mais dautant que le pere de famille la desire principalement pour vendre et convertir en deniers, le meilleur sera de la faire la plus belle qu'on pourra, aiant esgard à la faculté de la matiere, et au desir des acheteurs.

[*La journee du tireur.*] Des plotons provenus de Vers de bonne race, et nourris de fueille blanche, suffira que l'ouvrier en tire une livre et demie, poids de Montpellier, par jour, peu moins. car par telle limite, sera-elle assez prime, pour s'approprier à tous usages, et partant plus [114] vendables, qu'estant plus grosse. Ceste-ci se tirera des plotons simples et meilleurs, selon l'assortiment susdit, reservant les doubles et maculez si on ne les veut tous assembler avec les persez, pour filozelle) à en faire quelques escheveaux separez, que les marchands prennent à mesme prix que la fine soye ; leur estant telle grossiere, utile en quelques ouvrages. [*Distinguer les soyes.*] Mais ce seroit enlaidir toute la soye, et par consequent en ravaler le prix, si sans distinction l'on tiroit tous les coucons ensemble. Ce que craignans les marchands, à la veuë des escheveaux grossiers, acheptent volontiers toute la soye, par là s'asseurans, n'estre intervenue aucune confusion, ne frauduleux meslange au tirage. Ces doubles et maculez sont fort difficiles à tirer, et encores comment qu'on les prenne, ne rendent-ils que grossiere soye : estans aussi en mesme predicament, les mousses, comme a esté dit, qu'à telle cause pourrez mesler ensemble. La difficulté de leur tirage sera addoucie par le savon, mis [115] [I] dans le bassin en l'eau quand-et les coucons : aidant aussi le savon à tirer les vieux coucons endurcis par le temps, en amolissant la gomme naturelle qui tient colez ensemble les filets de la soye, lesquels par ce remede, assez facilement se laissent manier. Deux escheveaux de soye fera l'ouvrier par jour, ou quatre, si à ce sa rouë, et son autre artifice, sont appropriez ; tant par se monstrer la soye plus belle, en petites qu'en grandes escharpes ou escheveaux ; que par s'y emploier plus des attaches qu'on fait des tronçons de la soye, qu'en une seule : par ce moien on les vend autant que l'autre. Joint que c'est la commodité des marchands, qui la mettent en œuvre, estant plus propre à bailler à desvider en petit, qu'en grand volume.

Les reliefs du tirage ne se pouvans loger aux escheveaux, comme tronçons de soye, et ce qui ne se sera voulu despouïller restant au bassin, seront mesnagez pour estre emploiez en tapisseries, de table, de cheres, de licts, [116] et semblables meubles de la maison ; meslangees ces matieres-ci, avec de la laine, du chanvre, du lin, etc. Comme aussi des bonnes filozelles avec de la fine soye, seront faites des estofes, belles et profitables, pour servir à l'usage de la famille.

C'est la maniere de cueillir la Soye, incognuë de nos Ancestres, à faute de s'en vouloir enquerir ; aians longuement creu, comme de pere à fils, ce bestail ne pouvoir vivre ailleurs, qu'au païs de son origine. Mais le temps, maistre des Arts, a monstré combien vaut la raisonnable recerche des choses honnestes : de telle curiosité, estant sortie la vraye science de gouverner ce bestail, qu'au-jour-d'huy on emploie, avec aussi peu de hazard, que les terres sont semees et les vignes plantees, pour avoir du blé et du vin. Ainsi souvent avient, de rencontrer ce qu'on cerche ; Dieu benissant le labeur et travail de ceux, qui emploient leur entendement, non-seulement pour eux, mais-aussi pour l'utilité publique.

[117] Telle est l'origine du Ver-à-soye, tel son gouvernement, tel l'effect et l'issue de sa nourriture. animal tres-admirable pour plusieurs causes, dont non petite est donnee à la conservation de sa race ; quand sans nulle despence et petit soin, elle est gardee durant l'annee ; comme chose morte, pour reprendre en sa saison une nouvelle vie. //

EXTRAICT DU privilege du Roy.

Par grace et privilege du Roy est permis au Sieur du Pradel, faire imprimer son *Theatre d'Agriculture : et Mesnage des Champs,* en tout ou en partie, par tel ou tels Imprimeurs, au lieu ou aux lieux que bon luy semblera : sans qu'autres que celuy ou ceux ausquels il aura permis de ce faire, ou aians droit et pouvoir de luy, le puissent imprimer ou faire imprimer, en vendre ou distribuer les exemplaires, pendant et durant le temps de Dix ans, prochains et consecutifs, à compter du jour et datte de l'impression. Defendant à cest effect tres-expressement à tous ses subjets d'acheter ou se servir en façon que du soit d'aucune indue impression dudit livre. Sur peine de confiscation et d'amende arbitraire. Comme plus-à-plein le contiennent les lettres dudit privilege. Donné à Paris, le huictiesme jour de Janvier : l'an de grace, mil cinq cens quatre vingt dix-neuf : Et de son regne, le dixiesme. Scellé sur simple queuë, du grand sceau de cire jaune. Signé,

HENRY.

Par le Roy,
FORGET. //

Achevé d'imprimer par JAMET METTAYER, Imprimeur et Libraire ordinaire du Roy, le dix-huictiesme jour de Fevrier.

M. D. XCIX.

III.
LES MUSES INCOGNUES
(EXTRAITS)

(Texte reproduit à partir de l'exemplaire de la Bibliothèque de l'Arsenal, 8-BL-12035)

Les Muses incognues ou la Seille aux bourriers – Plaine de desirs et imaginations d'Amour. A Rouen – De l'Imprimerie de Jean Petit, tenant sa boutique en la cour du Palais, 1604.

[53] Au l[e]cteur
Amy lecteur, pour bien entendre ces quatrins sequents, il faut, que tu sçaches que le sieur de Verville (les vertus et la doctrine duquel ont tellement ennobly nostre langage que nous luy sommes redevables de la meilleure part de sa perfection) composa en faveur de messieurs de Tours et de son Mecœne, un petit livret, où il n'a rien oublié de ce qui est utile à l'avancement de l'art de la Soye et à la generation et nourriture des vers qui la fillent et produisent. ce livret sembloit encore tenir à la presse et aux doigts de l'Imprimeur quand on ne sçait quel sot, ennemy de [54] l'utilité publique et jaloux de la louange legitimement donnee à son autheur, fist lourdement courre ce Quatrin contre ledit sieur de Verville ce voulant moquer de la ccliij et ccliiij. Stance de sondit livret.

Que dit on du sieur de Verville
Et de son ouvrage nouveau ?
Un chacun dit parmy la ville
Que son ver procedde d'un Veau.

Auquel Quatrin, luy mesme et plusieurs de ses amis ont respondu en ceste sorte par diverses inventions.

Si mon Ver procede d'un Veau
Tu te fais un grand vitupere
De te rompre tant le cerveau
A mesdire ainsi de ton frere.

Mon ver est procedé d'un veau
Mais le ver qui dedans ta teste
Est procedé de ton cerveau
Vient bien d'une plus grosse beste.

Tu te rends un veau si naif
Parlant du Veau mort de verville,
Que chacun dit parmy la ville
Que le mort a saisi le vif.

Tu es tant Veau que si encores
On immoloit au tout puissant,
[55] Des jeunes veaux, on pourroit ores
T'immoler tout seul pour un cent.

Si de Phallaris le Toreau
Estoit ore mué en vache
On se serviroit de sa cache
Pour mieux faire mugler ce veau.

Tandis que tu seras de l'ordre
Des veaux, je te donray du laict
Quand tu seras toreau parfaict
Pour tirer, je te feray tordre.

Ce vedet a tant bonne grace
Et a si beau poil au menton,
Qu'il le faut couvrir d'un baston
Affin d'en avoir de la race.

Tu es un veau si authentique
En pensers en dits et en faits,
Que celuy seroit heretique
Qui desniroit ce que tu es.

Si autrement tu ne t'habilles
Gros veau, que tu es maintenant
On te viellera par la ville
Au premier Caresme prenant.

Si la fille du Roy Inache
T'avoit veu si sot et si beau
Elle se referoit en vache
Pour l'amour d'un si brave veau.

[56] Si la Reine que chacun nomme
Pasiphaë, t'eust recognu
Vray veau sous la figure d'un homme
Pour son amy t'eust retenu.

Ton veau mort j'acompare
A cet oiseau si rare
Qui naist de son tombeau,
Car de sa mort feconde
Il a remis au monde
Un autre plus grand veau.

Miron, je te supplie attache
Contre ce veau ta belle vache,
Affin qu'il la tette à loisir
Jamais ne cessera de braire
Si on ne la luy laisse traire
Et succotter à son plaisir.

G. De T.

Autres responses

Ce Quatrin est fort magnifique
Mais deffectueux en cela :
On ne la pas mis en musique
Pour chanter un sot la mis la.

Ayant veu ce maistre nouveau
Les Bouchers font plainte à Justice
De ce qu'il fait leur exercice
Habillant tous le[s] jours un veau.

[57] Verville est faché que son livre
Ait ainsi troublé ton cerveau
Mais il rit de voir que son veau
Estant mort en toi vient revivre.

Mon veau mort est bien plus fertille
Ayant produit infinis vers
Que toy veau vivant inutile
Qui te resous en quatre vers.

Tu es un vray veau si caché
Aussi beau devant que derrière
Que si le[s] veaux portoient cropière
Ton cul seroit tout escorché.

Je croy que jadis au temps sage
On a veu des bestes parler
Puis qu'on voit en ce dernier aage
Que les veaux s'en veulent mesler.

Que nous sert il de tant escrire
Après ce mugisseur nouveau
Nous ne sçavons ce qu'il veut dire
Car nous n'entendons pas le veau.

Tu es veau de telle grandeur
Que si ta voix est plus ouye
Quelque jeune Taure en chaleur
Te courra pour estre saillie.

Garde toy, va te retirer
De peur qu'en fin on ne te meine
Par le col, te faisant tirer
[58] Ainsi que les veaux de Tourraine.

B. De V.

Ce lourdaut voyant qu'elle gloire
Tes vers t'acquerroient aujourd'huy,
Pour vivre du travail d'autruy
Et s'honorer de ta victoire
Impudent, nous veut faire croire
Que tes vers sont venus de luy.

La P.

L'un dit du Quatranier nouveau
Qu'il est vedet et non pas veau
Propre à vers, quand à moy je gage
Qu'il n'est rien qu'un Acridofage.

La R. F.

Ly goteam, ly methan garton.
Ly pas bean dy du ver à choye,
Ly Kitoé moé si le tenoye,
Entre le nez et le menton.

Tiene Langlays.

Pleust à Dieu que sur le chinon
Du col du veau qui le moleste,
Fust tombé le coffre funeste
Qui presque eschina Cachinon.

Par Cachinon.

Si Aristee revivoit
Cerchant un veau grand à merveilles
A l'instant il t'escorcheroit
Pour tost recouvrer ses Abeilles.

[59] Un cleron tout autour de luy
Or sus or sus qu'on luy attache,
Car le loup luy feroit ennuy
Lors qu'il recercheroit la vache.

NOTES BIBLIOGRAPHIQUES

Bibliographie béroaldienne

On trouvera une copieuse « bibliographie béroaldienne » à la suite de l'« Etude... » de V.-L. SAULNIER (« Etude sur Béroalde de Verville – Introduction à la lecture du *Moyen de parvenir* », *Bibliothèque d'Humanisme et Renaissance*, V, 1944, p. 209-326). Cette bibliographie « historique » pourra être complété et corrigée grâce à des travaux plus récents :

- KENNY (Neil), *The Palace of Secrets. Béroalde de Verville and Renaissance Conceptions of Knowledge*, Oxford, Clarendon Press, 1991 (« Bibliography », p. 268-298).
- GIORDANO (Michael) et ZINGUER (Ilana), « Béroalde de Verville : Bibliography 1981-1991 », in *Studies on Béroalde de Verville* Paris, Seattle, Tübingen, Papers on French Seventeenth Century, " Biblio 17 ", 1992 p. 139-147.
- TOURNON (André), « Eléments d'une bibliographie de F. Béroalde de Verville », in "Béroalde de Verville, 1556-1626" (actes du treizième Colloque International du Centre de Recherche V.-L. Saulnier, mars 1995), *Cahiers V.–L. Saulnier*, n° 13, Paris, Presses de l'Ecole Normale Supérieure, 1996, p. 213-221

Pour ce qui concerne la biographie de l'auteur, l'« Etude... » de V.-L. Saulnier reste irremplaçable. On corrigera certains points (date de la mort de Béroalde, notamment) à partir d'articles qui font état de quelques éléments nouveaux :

- ARDOUIN-WEISS (Idelette) et AQUILON (Pierre), « Béroalde de Verville : Testament inédit et documents nouveaux », *Bulletin de la Société de l'Histoire du Protestantisme français*, CXXXII, 1986, p. 519-540).
- LOCEY (Lenita), LOCEY (Michael) et PALLISTER (Janis), « The last days of Béroalde de Verville », *Symposium*, XLI, n° 1, 1987, p. 42-66.
- BAMFORTH (Stephen), « Béroalde de Verville and *Les Appréhensions spirituelles* », *Bibliothèque d'Humanisme et Renaissance*, LVI, 1994, n° 1, p. 89-97.

Le texte

- *L'Histoire des Vers qui filent la soye. En cette Serodokimasie ou recherche de ces Vers est discouru de leur naturel, gouvernement, utilité, plaisir et profit qu'ils raportent* : par Beroalde de Verville. A Tours, chez Michel Sifleau, Imprimeur-Libraire, demeurant en la rüe de la Sellerie devant les Cordeliers, 1600. (Pour une description détaillée de cette unique édition, se reporter à notre introduction, p. 7)

Articles et fragments critiques

- CLOUZOT (Henri), « La sériciculture dans Béroalde de Verville », *Revue du seizième siècle*, III, 1915, p. 281-286.
- SAULNIER (Verdun-Léon), « Etude… » (voir ci-dessus). Sur la *Sérodokimasie*, voir p. 236-237 et 266-268.
- – *Anthologie poétique de Béroalde de Verville*, Paris, Jacques Haumont, 1945. La *Sérodokimasie* est très brièvement évoquée dans le texte de présentation, « Un poète inconnu », p. 10-11.
- RENAUD (Michel), « *L'Histoire des Vers qui filent la soye* de Béroalde de Verville : "vray stille d'ange" ou vers de mirliton ? », *Cahiers V.-L. Saulnier*, n° 13, 1996, p. 99-110.

Textes littéraires consacrés au ver à soie
Traités de sériciculture – Ouvrages de référence

Il existe sur le sujet un nombre de titres considérable. Nous n'indiquons ici, dans l'ordre chronologique de leur publication, que les principaux ouvrages que nous avons consultés.

- LAZZARELLI (Lodovico), *Opusculum de bombyce* : *Ludovici Lazarelli Septempedani Bombyx ad An. Colotium honestæ indolis puerum*, s.l.n.d. [Rome, E. Silbe, *circa* 1505]. Rééd.: *Pictorii Sacra et satyrica epigrammata. Michael Verini Florentini quaedam. Dardani epigrammata* […] *Benedicti Jovii Novocomensis Disticha* [...] *Laurentii Lippii Collensis Disticha* [...] *P. Fausti Andrelini Disticha* [...] *P. Fausti Aegloga moralissima, ad Ludovicum Aurelium, Galliarum regem. Ludovici Lazarelli septempedani Bombyx...*, J. Froben, Bâle, 1518. Georg Roellenbleck : « Lodovico Lazzarelli, Opusculum de Bombyce » in *Literatur und Spiritualität*, Hans Sckommodau zum siebzigsten Geburstag

(Münchener romanistische Arbeiten, siebenundvierzigstes Heft), Munich, Wilhelm Fink Verlag, 1978, p. 213-231.

- GIUSTOLO (Pier-Francesco), *De Sere, seu setivomis animalibus* in *Iustuli Spoletani Opera*, Rome, G. Mazzocchi, 1510.
- VIDA (Marco-Girolamo), *De Bombyce* in *Marci Hieronymi Vidae* [...] *de Arte poetica lib. III. Ejusdem de Bombyce lib. II. Ejusdem de Ludo scacchorum lib. I. Ejusdem Hymni. Ejusdem Bucolica* [...] Rome, L. Vincenzo, 1527. Nous avons utilisé *De Bombycum curat. et usu, Carminum Libri II, Lugduni, 1537* et *De Bombyce, libri II, in Marci Hieronymi Vidæ Cremonensis, Albæ episcopi, Opera,* Lyon, Seb. Gryphe, 1541 (le même, chez Antoine Gryphe, 1592).
- GUIDICIOLO (Levantio), *Avertimenti di Levantio Mantoano Guidiciolo ; bellissimi, e molto utili, a chi si diletta di allevare e nudrire quei car animaletti che fanno la seta : quali volgarmente si nomano Cavaglieri, overo Bombici, ò Bigati, ò anco Bacchi, come ti piace. Senza quali, malamente, e di rado potrai conseguire il desiato frutto. Novamente dati in luce*, Brescia, D. Turlino, 1564.
- CORSUCCIO DA SASCORBARO (Gian-Andrea), *Il Vermicello della Seta*, Rimini, G. Simbeni, 1581.
- TESSAURO (Alessandro), *Della Sereide*, Turin, 1585. Rééd. : *Della Sereide d'Alessandro Tessauro alle nobili e virtuose donne libri due*, Vercelli, Patria, 1777. *La Sereide,* rééd. par Domenico Chiodo, Turin, San Mauro, 1994.
- GARZONI (Tomaso), *La Piazza universale di tutte le Professiono del mondo*, Venise, G.-B. Somasco, 1587. Rééd. par Paolo Cherchi et Beatrice Collina, Turin, Einaudi, 1996 (Discorso CL, « De' setauoli, ove si comprendono gli accavigliatori, bavelli, agguindilatori, filatori, le maestre, i tessitori e i mercanti da seta », t. 2, p. 1452-1458).
- LIBAVIUS [Andreas LIBAU], *Bombycia, hoc est de natura cultura et opere Bombycum Libri II*, in *Singularium*, Saur et Kopff, Francfort, 1599.
- SERRES (Olivier de), *La Cueillete de la Soye, par la nourriture des Vers qui la font. Echantillon du Theatre d'Agriculture d'Olivier de Serres, seigneur du Pradel*, Paris, J. Mettayer, 1599.

- SERRES (Olivier de), *Le Theatre d'Agriculture et mesnage des champs*, Paris, J. Mettayer, 1600.
- Le TELLIER (Jean-Baptiste), *Brief discours contenant la manière de nourrir les vers à soye et la tirer, avec figures et interprétations d'icelles...*, Paris, P. Pautonnier, 1602.

– *Mémoires et instructions pour l'establissement des meuriers et art de faire la soye en France*, Paris, J. et P. Mettayer, 1603.

- LAFFEMAS (Barthélemy de), *Le Plaisir de la noblesse et autres qui ont des eritages aux champs, sur la preuve certaine et profict des estauffes et soyes qui se font à Paris*, Paris, P. Pautonnier, 1603.
- – *Preuve du plant et profit des meuriers, pour les parroisses des generalitez de Paris, Orleans, Tours et Lyon, pour l'annee* 1603, Paris, P. Pautonnier, 1603 ;
- – *La Façon de faire et semer la graine de meuriers, les eslever en pepinieres et les replanter aux champs, gouverner et nourrir les vers à soye au climat de la France, plus facilement que par les memoires de tous ceux qui en ont escript*, Paris, P. Pautonnier, 1604.
- ISNARD (Christophe), *Les Vers à soye presentez au Roy* ou *Memoires et Instructions pour le plant des Meuriers blancs, nourriture des Vers à Soye. Et l'Art de filer, mouliner et aprester les soyes dans Paris et lieux circonvoisins*, Paris, G. Soly, 1665.
- BOISSIER DE SAUVAGES (Abbé Pierre-Augustin), *Mémoires sur l'éducation des vers à soie... avec un traité sur la culture du mûrier*, Nîmes, Gaude, 1763, 2 vol.
- LEVÉE (Jérôme-Balthazar), *Les Vers à soie, poëme de Jérôme Vida, de Crémone* [...] *suivi du Poëme des échecs et de pièces fugitives du même auteur auteur, et d'un choix de poésies de Pierre d'Orville, traduits du latin...*, Paris, H. Nicolle, 1809.
- BONAFOUS (Mathieu), *Le Ver à soie, poème en deux chants de Marc-Jérôme Vida, traduit en vers français, avec le texte latin en regard*, Paris, L. Bouchard-Huzard, 1840. M. Bonafous est l'auteur de très nombreuses publications consacrées à l'éducation des vers à soie ou à la culture du mûrier, qui peuvent se révéler encore utiles pour vérifier certaines données techniques (*De la Culture des mûriers...*,

Lyon, J.-M. Barret, 1822 ; *Mémoire sur une éducation des vers à soie (en 1822), présenté à la Société royale d'agriculture, histoire naturelle et arts utiles de Lyon...*, Lyon, J.-M. Barret, 1823, etc.)

- PARISET (Ernest), *Histoire de la soie*, Paris, A. Durand, vol. 1, 1862 ; vol. 2, 1865.
- LUPPI (Géminien), *Dictionnaire de séricologie, comprenant l'art de produire la soie et de l'apprêter*, Lyon, C. Méra, s.d. [1872].
- CLOUZOT (Henri), *Le Métier de la soie en France (1466-1815)*, Paris, Devambez, s.d [1914].
- CRÉPIN (P.), « Le ver à soie dans les auteurs grecs et latins », *Revue d'Histoire Naturelle appliquée*, n° 4-5, avril-mai 1920, p. 113-120.
- ALGOUD (Henry), *La Soie, art et histoire*, Paris, Payot, 1928. Rééd. Lyon, La Manufacture, 1986.
- *** « Les Légendes de la soie » *in La Soierie de Lyon*, 8, août 1934.
- CHOBANT (H.), *Les origines de la sériciculture française*, Avignon, Rillière, 1941.
- *** *La Soie en Touraine*, Tours, Association des Amis de la B.C.P. d'Indre et Loire, 1988.

INDEX DES NOMS PROPRES

(Auteurs et personnages cités)

TABLE DES MATIÈRES